내가
디자인하는
채소가든

Spring
Summer
Autumn
Winter

Vegetable Garden

Green Home

저자 | SATOSHI FUJITA

NHK 취미원예 강사. 아키타현[秋田縣] 출생. 이와테[岩手]대학 대학원 농학연구과 석사과정 수료. 대학에서 강의를 하며 사회인 대상의 귀농준비학교에서 채소재배를 지도하였다. 〈별책 NHK 취미원예 개성 있는 가정채원〉 〈화단과 채원의 흙 만들기 입문〉 〈흙에서 시작하는 꽃과 나무〉 등의 저서와 〈처음 하는 채소재배〉 시리즈 등의 감수서가 있다.

YASASHII YASAI GARDEN ⓒ SATOSHI FUJITA 2003
Originally published in Japan in 2003 by SHUFU - TO - SEIKATSUSHA CO., LTD.
Korean translation rights arranged
through TOHAN CORPORATION, TOKYO and BESTUN KOREA AGENCY, SEOUL.

Korean translation rights ⓒ 2005 by Donghak Publishing Co.

이 책의 한국어판 저작권은
베스툰코리아 에이전시를 통해
일본 저작권자와 독점 계약한 동학사(그린홈)에 있습니다.
저작권법에 의해 한국 내에서 보호를 받는 저작물이므로
무단전재나 복제, 광전자 매체 수록 등을 금합니다.

내가 디자인하는 채소가든

펴낸이 | 유재영
펴낸곳 | 동학사
기 획 | 이화진
편 집 | 김기숙
디자인 | 임수미

1판 1쇄 | 2005년 2월 12일
1판 2쇄 | 2008년 3월 26일
출판등록 | 1987년 11월 27일 제10-149

주소 | 121-884 서울 마포구 합정동 359-19
전화 | 324-6130, 324-6131 · 팩스 | 324-6135
E - 메일 | dhak1@paran.com
dhsbook@hanmail.net
홈페이지 | www.donghaksa.co.kr
www.green-home.co.kr

ISBN 89-7190-164-0 13520
● 잘못된 책은 바꾸어 드립니다.

Green Home 은 취미 · 실용서를 출간하는, 도서출판 동학사의 디비전입니다.

Vegetable Garden

「마음 속 고향 같은 풍경
채·소·정·원」

내 마음 속에는 언제나 내가 나고 자란 고향의 아름다운 전원 풍경이 남아 있다. 겨울이 길고 눈으로 덮여 있지만, 봄에 눈이 녹기 시작하면 머위의 새순이 얼굴을 내밀고 크로커스와 수련꽃이 피는 곳. 어느덧 매화와 벚꽃이 피어 밭에 씨를 뿌리는 계절이 오고, 논밭이 잔디밭처럼 아름답게 펼쳐진다. 논에 나가시는 아버지와 어머니를 따라가던 어릴 적 나와 형제들, 그리고 그 시절의 농촌 풍경이 지금도 눈에 선하다. 수확의 계절인 가을이 되면 벼 이삭은 황금색으로 빛나고 사과는 새빨갛게 물들며, 밭에서는 다 자란 무와 배추가 수확을 기다린다.

내 마음 속에는 언제나 이런 고향 풍경이 살아 숨쉬고 있다. 그로부터 세월이 30년 이상 흘러 대학에서 농학을 전공하고, 채소와 관련된 연구와 교육에 종사하고 있다. 넓은 대학농장의 채소밭에서 내가 항상 추구했던 것은 고향 풍경이다. 내가 가꾸는 채소밭이 '사람의 마음을 위로하고 부드럽게 감싸 안아주는' 장소이기를 바랐던 것이다. 채소를 키우면서 깨달은 것이 있다. 그것은 채소가 자라는 것을 마치 나의 일처럼 매우 기뻐하는 나 자신이다.

'지금까지 계속 내가 채소를 길러 왔다고 생각했는데, 오히려 나 자신이 채소를 통해 성장한 것은 아닐까?'

7~8년 전 한 권의 책을 보았다. 책에는 양상추와 적축면상추를 비롯해 브로콜리·리크·허브 등이 꽃들과 함께 가지런하게 심어진 아름다운 정원이 소개되었다. 오래된 분위기의 낡은 건물을 배경으로 아름답게 조화를 이룬 유럽풍의 전원 풍경이었다. 또한, 채소와 허브가 기하학적으로 심어진 노트가든(장식정원)도 소개되었는데, 입구의 아치는 뜻밖에 멜론으로 꾸며져 있었다. 매우 아름다웠다. 영국이나 프랑스에는 마음의 고향 같은 풍경을 표현한 정원이 있는데, 그것이 바로 '채소정원'이다.

채소를 중심으로 꽃과 허브·과일나무가 조화를 이루는 채소정원은 고향에 대한 향수를 잘 표현해준다. 더불어 가족을 위한 즐거운 식탁을 꾸밀 수 있어, 가족이 오순도순 이야기할 수 있는 시간을 만들어준다.

자, 이제부터 여러분도 채소정원을 꾸며보자. 특별히 돋보이지는 않지만 소박하고 진실한 채소들로부터 틀림없이 무엇인가를 얻을 것이다.

Satoshi Fujita

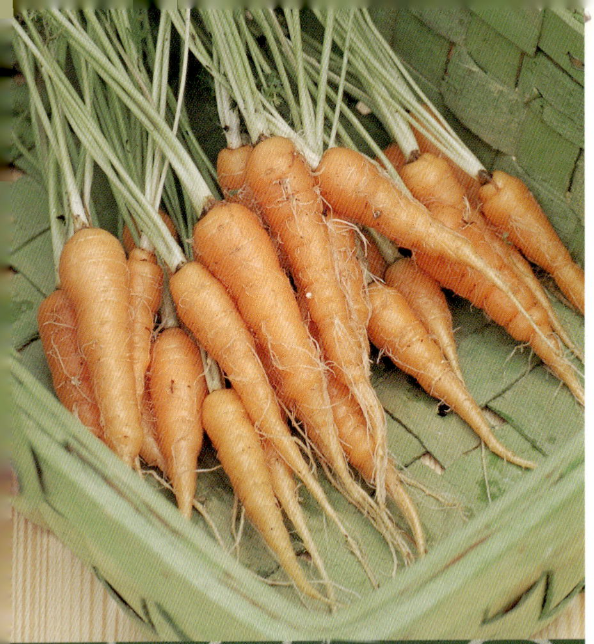

Vegetable Garden

내 가 디 자 인 하 는 채 소 가 든

C O N T E N T S

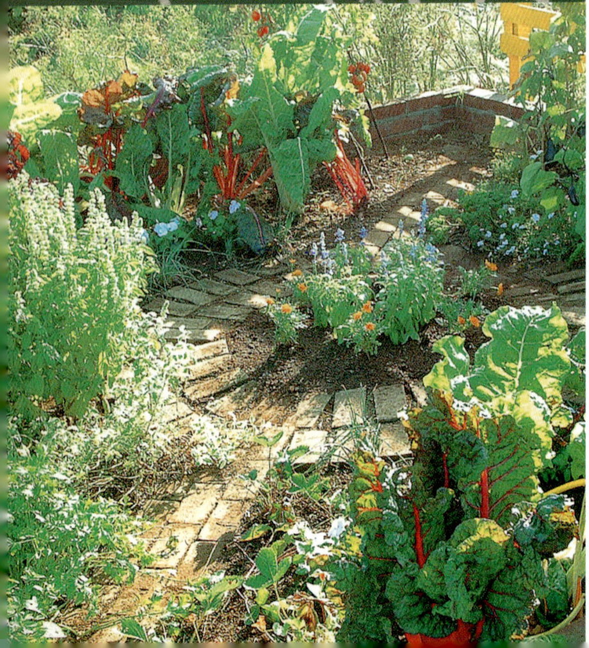

마음 속 고향같은 풍경 채·소·정·원 3

채소정원을 만들어보자 6

채소정원을 만드는 방법 19

- 채소정원의 매력 20
- 채소정원의 설계 22
- 계절별 정원 설계 24

봄에 보기 좋은 채소정원 | 여름에 보기 좋은 채소정원 | 가을에 보기 좋은 채소정원 | 겨울에 보기 좋은 채소정원

- 정원용 흙 만들기 28

좋은 흙이란 | 토질 검사 | 흙의 산도 측정 | 토양 개량 | 산성흙의 개량 | 설계 포인트

- 모종 옮겨심기 32

씨뿌리기의 3가지 방법 | 모종 기르기 방법 | 모종 기르기 포인트 | 모종 선택하기 | 옮겨심기 | 지주 세우기

- 채소정원의 관리 36

웃거름 | 사이갈이 | 잡초 뽑기 | 북주기 | 순지르기 | 곁눈따기(가지고르기) | 사계절 자연재해 대책 | 병해충 대책

- 비료 사용법 41

유기질비료와 화학비료 | 유기질비료의 추천 | 비료를 사용하는 방법

- 수확 44

열매채소 | 잎채소 | 뿌리채소

채소정원을 만들자 45

- 컨테이너 재배방법 46

컨테이너 가든 추천 | 컨테이너 재배의 설계 | 컨테이너 재배 순서 | 모종 옮겨심기 | 비닐봉투에 감자 심기 | 컨테이너 재배를 잘하는 중요 포인트 | 컨테이너 재배에 알맞은 채소

- 추천할만한 컨테이너 50

Vegetable Garden | 차 례

계절별 채소와 화초 51

봄정원 채소 | 여름정원 채소 | 가을정원 채소 | 겨울정원 채소 | 허브 | 식용꽃

채소별 재배방법 67

가지	68	여주	96
감자	70	오이	98
당근	72	오크라	100
딸기	74	옥수수	102
래디시	76	완두	104
무	78	우엉	106
비트	80	적근대	108
생강	82	청경채	110
소송채	84	토란	112
순무	86	토마토 · 방울토마토	114
시금치	88	파(쪽파 · 잎파)	116
아티초크	90	파슬리	118
양배추 · 적양배추	92	피망	120
양상추 · 적축면상추	94		

허브 재배방법 122

재배 장소 | 씨뿌리기 | 흙 만들기와 옮겨심기 | 꺾꽂이 | 포기 나누기 | 옮겨심기 후의 관리 | 채소정원에 알맞은 허브와 재배방법

색인 127

채소정원을 만들어보자

채소정원이란, 채소나 식용꽃·허브 등을 이용하여 만든 화단이다. '먹는 것'뿐만 아니라 보는 것도 고려하여 심을 종류를 고른다. 보면서 즐기고, 먹어서 맛있는 정원 가꾸기. 이것이 채소정원이다. 이는 집안 텃밭과 다르고, 일반적인 화단과도 차이가 있다. 1년 365일 색의 조화가 아름다운 화단을 즐기는 동시에 식탁에는 언제나 신선한 채소가 가득하다. 지금까지와는 다른 새로운 개념의 정원이지만, 누구나 손쉽게 만들 수 있다.

오른쪽·짚으로 만든 닭을 장식한 정원/위·채소정원에서 포인트가 되는 아티초크

오른쪽·가냘프고 매력적인 피망꽃

오른쪽·수확한 래디시, 수확하자마자 샐러드로 만들어 먹는다

위•쑥갓과 다채·임생채 등을 심은 가을철 채소정원/가운데•새빨갛게 익은 토마토가 눈부신 여름철 채소정원/아래•통로에 벽돌을 깔아 정원이 한층 멋스럽고 관리하기도 편리하다

● 채소정원은 수확을 주요 목적으로 하는 가정 텃밭과는 다르다. 텃밭의 매력은 직접 기른 채소를 먹는 즐거움, 즉 수확의 기쁨을 맛보는 것이다. 채소정원은 이와 더불어 눈으로 보고 즐길 수도 있다.

● 따라서 채소정원에는 관상 가치가 높은 채소를 심는 것이 좋다. 지금까지 무심코 보아왔던 많이 재배하는 낯익은 채소들을 잘 살펴보면 정말 다양한 볼거리가 있다. 예를 들어 상추류는 짙은 초록색, 옅은 초록색, 붉은색 등 잎색이 매우 다채롭다. 가지꽃의 보라색과 노랑의 절묘한 조화는 어떤 화초한테도 뒤지지 않는다. 그리고 새빨간 토마토 열매도 싱그럽다.

● 색뿐만 아니라 위를 향해 곧게 자라는 옥수수, 융단처럼 퍼지는 잎채소류 등 그 모습도 각양각색이다. 각종 채소들 이외에도 허브류나 식용꽃 등을 잘 조합하면 채소정원을 다양하게 꾸밀 수 있다.

채소의 사랑스런 꽃과 모양

채소나 화초는 키가 큰 것, 작은 것, 옆으로 넓게 퍼지는 것 등 각각 특징 있는 모습이다. 이런 특징을 잘 이용해야 한다. 또한, 채소나 화초는 아름답고 가녀린 꽃을 피워 우리를 즐겁게 해준다. 채소나 화초의 개성을 잘 이해하여 개성이 최대한 돋보이도록 심는다. 비록 올해는 실패하더라도 거기에서 얻은 교훈을 잘 활용하면 다음해에는 반드시 보다 나은 채소정원을 가꿀 수 있을 것이다.

위•푸른 하늘을 향해 뻗은 옥수수. 꼭대기에는 부드러운 수꽃이 바람에 흔들린다 / 아래 왼쪽•완두콩꽃. 콩과의 꽃은 귀엽다 / 아래 오른쪽•고추의 붉은 빛이 정원에서 한층 더 돋보인다

왼쪽•잎채소는 키우면서 수확도 가능/ 왼쪽 아래•적근대. 잎색이 아름다워 이용 가치가 높다 / 오른쪽•수확기를 맞은 고추 / 오른쪽 가운데•가지꽃. 사진처럼 암꽃술이 수꽃술보다 긴 것이 건강한 포기 / 오른쪽 아래•둥그렇게 굵어진 동아

●예를 들어 옥수수는 사람의 키만큼 자라며, 그 꼭대기에 나풀나풀한 수꽃이 핀다. 곧게 뻗은 당당한 모습과 부드러운 수꽃의 대비는 채소정원에서 눈길을 끌기에 충분하다. 옥수수는 정원의 배경이나 중심 작물로서 이용 가치가 높은 소재 중 하나이다. 물론 수확해서 바로 먹는 옥수수의 단맛은 사서 먹는 것과 비교할 수 없다. 보면서 즐기고 먹어서 맛있는, 채소정원의 주역으로 기르고 싶은 채소이다.

●화려한 적근대. 잎채소로는 낯선 종류이지만, 짙은 붉은 빛과 노란 빛의 잎자루와 잎맥은 채소정원을 다채롭게 만든다.

●채소의 꽃만큼 소박하고 생각 밖으로 아름다운 꽃도 없다. 원래 수확할 열매에 가려져 관심 있게 보지 않는데, 채소정원에서는 사랑스러운 아름다움을 충분히 관상할 수 있다. 보는 것을 즐긴 후에 꽃은 맛있는 열매가 되어, 이번에는 우리의 식욕을 만족시킨다. 일석이조로 채소정원의 즐거움이 한층 더 커진다.

Vegetable Garden

다양하게 심자

가정 텃밭에서는 단순히 밭을 일구고 두둑을 만들어 채소를 심는다. 이 때 수확량을 우선 생각하며, 두둑의 폭과 간격, 포기간격 등을 정해서 심는다. 그러나 채소정원에서는 이것도 중요하지만, 여기에 한 가지 더하여 어떻게 심으면 아름답게 관상할 수 있을까도 매우 중요하다. 보여지는 방법, 즉 심는 구성에 따라 채소의 표정이 한층 다양해진다.

오른쪽•쑥갓이나 갓 등의 잎채소를 물결모양으로 씨를 뿌리면 발아할 때부터 보고 즐길 수 있다. 솎아내기를 확실하게 한다 / 오른쪽 아래•가운데의 코니퍼가 포인트인 정원. 적축면상추와 파슬리 사이의 백묘국이 마치 선을 그은 듯이 선명하다 / 왼쪽 아래•주변에 회양목을 심어서 둘러싼 영국식 노트가든(knot garden, 장식정원). 팬지·소송채·적축면상추(써니양상추) 등의 다양한 색으로 꾸민다

● 채소정원의 성공 비결은 '입체적인 배치'이다. 키가 큰 채소나 화초를 이용하여 정원 전체의 높이를 연출해낸다. 그밖에 옆으로 무성하게 자라는 채소나 화초를 이용하여 정원 전체에 풍성한 느낌을 준다. 화초뿐인 정원에 비해 모양의 변화가 많은 채소로 꾸미는 정원이 더 다채롭다.

오른쪽·수확이 가까워진 시금치 등. 잎채소는 가정 텃밭에서보다 포기간격을 더 좁힌다 / 오른쪽 가운데·상추와 적축면상추(써니양상추) 사이에 쪽파를 심었다. 채소를 잘 조화시켜 재미있는 효과를 연출한다 / 아래·자라서 수확 직전인 임생채. 무성해지면 흙이 보이지 않아서 더 보기 좋아진다

● 채소 정원을 성공시키자 — 관상 가치가 높은 정원을 만들려면 정원 전체를 채소와 화초로 잘 구성한다는 점에 유의한다. 가정 텃밭에서는 두둑을 만드는데, 두둑과 두둑 사이에 관리를 위해 조금 넓게 통로를 만든다. 그러나 채소정원에서는 피토톡 붉이 보이지 않게 하는 것이 중요하다.

● 작은 규모의 채소정원에서는 빈 공간이 없이 전체를 채소와 화초로 채워도 좋지만, 넓은 정원이라면 관리할 공간이 없어진다. 이런 경우에 벽돌 등으로 통로를 예쁘게 만들어서, 작업 공간도 정원의 일부가 되게 한다. 침목을 이용해도 좋다.

오른쪽·수세미로 만든 고슴도치. 직접 만든 장식물로 정원을 꾸미는 것도 즐겁다

오른쪽·낡은 장화를 이용. 장화 바닥에 반드시 물빠짐 구멍을 만든다

수확을 즐기자

채소정원은 물론 보는 즐거움이 있지만, 더불어 수확의 기쁨도 충분히 맛보고 싶을 것이다. 가정 텃밭에서는 씨를 뿌리거나 모종을 심어서 키우고, 자라면 수확하는 것으로 끝난다. 그러나 채소정원에서는 수확이 끝이 아니며, 수확도 정원 만들기의 한 과정이다. 수확한 공간에 무엇을 심을지, 이번에는 어떻게 다른 모양으로 꾸밀지를 생각한다. 그것 또한 즐거운 작업이다.

위 • 파슬리와 허브류 / 아래 • 콜라비 / 오른쪽 위 • 수확이 가까운 다양한 상추류 / 오른쪽 아래 • 바구니에 조화를 잘 이루어 담아놓은 상추 · 청경채 · 래디시 등

● 수확하자마자 곧장 부엌으로 가져가는 것도 좋지만, 수확물 그 자체도 감상해보자. 색과 모양, 갓 수확한 채소의 신선한 향을 즐기자. 특히 뿌리채소는 자랄 때와는 다른 모습이다. 예쁜 그릇에 담아 테이블에 장식해도 좋다.

위 • 적축면상추(써니양상추) · 다채 · 청경채 등의 사이에 백묘국이나 식용꽃 등을 심어서 화려하게 꾸민다. 수확 후에는 다른 채소나 화초를 심어서 채소정원을 오랫동안 즐긴다 / 오른쪽 • 다채 수확. 포기를 통째로, 또는 겉잎부터 필요한 만큼 따서 수확한다

산딸기 화분. 수확 후에 기는줄기를 키워서 증식한다

● 채소나 화초를 통째로 수확하면 그 자리에 뻥 뚫린 듯한 구멍이 생긴다. 그러므로 수확하고 나면 바로 다른 채소나 화초의 모종을 심는다. 이렇게 하면 정원이 망가지지 않고, 바로 새로운 모습을 즐길 수 있다.

● 또 하나의 수확방법은, 수확을 한꺼번에 하지 않고 기르면서 하는 것이다. 잎채소류의 경우에는 필요한 양만큼만 따서 수확한다. 그러면 정원의 모습을 오래 유지할 수 있다.

오른쪽 • 여러 종류의 바질을 심은 정원
왼쪽 • 산톨리나. 회백색 잎이 진기하며 아름답다

오른쪽 • 파인애플민트. 잎에 닿기만 해도 향이 난다

오른쪽 • 꽃도 아름다운 나스터쥼

허브 정원

허브도 채소정원의 중요한 소재이다. 허브는 잎이 화려하고 모양이 독특하며 꽃도 아름답다. 무엇보다 정원을 향기로 가득 채운다. 정원을 관상하거나 손질하고 있을 때, 어느 순간 불어오는 바람을 타고 퍼지는 향기는 우리들의 몸과 마음을 상쾌하게 한다. 여유 공간이 있으면 허브로만 따로 정원을 만드는 것도 좋다.

오른쪽・잘 자라서 무성한 허브―라벤더・바질・레몬밤 등, 때로는 다른 채소나 화초를 밀어내므로 주의한다
왼쪽 위・운향/왼쪽 가운데・맬로/왼쪽 아래・헬리오트로프는 향료로 유명

● 허브를 채소정원의 소재로 이용할 경우 장점이 매우 많다. 모양이 독특하고, 잎이나 꽃색이 다양하다. 또한 대부분의 허브가 바람에 흔들리거나 살짝 닿기만 해도 향기가 나기 때문에, 채소정원의 '본다', '먹는다'는 즐거움과 더불어 '향기를 즐긴다'는 장점도 있다.
● 또한 대부분의 허브가 매우 튼튼해서 손이 그다지 많이 가지 않는다는 장점도 있다. 자라는 속도도 빨라서 정원이 빨리 완성된다. 반대로 너무 튼튼해서 다른 채소나 화초의 영역을 침범할 때도 있으므로 이 점에 주의한다.

Vegetable Garden

다양한 컨테이너 정원

아파트에 살아서 정원이 없어도, 단독주택이지만 정원을 만들 공간이 좁아도 채소정원을 즐길 수 있다. 방법은 여러 가지 컨테이너를 이용하는 것이다. 화분이나 플랜터 등에 채소나 화초를 길러, 보는 즐거움과 손수 기른 채소를 먹는 기쁨을 만끽해보자. 넓은 채소정원 한켠에 컨테이너 채소정원을 만드는 것이 좋다. 용기를 두는 장소나 심는 방법에 변화를 주면 간단하게 채소정원의 모습을 바꿀 수 있다.

위•나뭇가지를 지주로 이용한 컨테이너 채소정원 / 왼쪽•파인애플민트•민트•나스터츔 등의 허브와 식용꽃을 모아심기한 컨테이너. 배색이 포인트이다

오른쪽•컨테이너에 모아심기. 금어초의 분홍색과 하얀 팬지가 눈에 띈다

오른쪽•배색의 묘미를 즐기는 컨테이너 정원. 팬지나 적근대•딸기를 심어서 화려하게 구성하다

● 채소정원에서 이용하는 컨테이너는 비교적 큰 것이 알맞다. 지름이 30cm 이상 되는 화분이나 플랜터 등을 이용한다. 그밖에 나무용기를 이용하는 것도 보기에 좋다.

● 화분은 유약을 바르지 않고 구워낸 테라코타 종류를 이용하는 것이 아름답다. 모양이 다양하고 색이 차분하다. 입구 지름이 큰 것을 사용하여 풍성하게 심는 것이 포인트이다.

● 컨테이너 정원을 즐길 때, 관리 포인트는 흙의 양이 한정되어 있어 건조해지기 쉬우므로 물이 부족하지 않게 하는 것이다. 또한 비료는 한꺼번에 주지 말고, 웃거름 중심으로 여러 번 나누어 주는 것이 중요하다.

왼쪽 위 • 쑥갓과 청동색의 다채, 식용꽃을 이용한 초겨울의 화분 / **왼쪽 가운데** • 허브 중심의 작은 모아심기 / **왼쪽 아래** • 적축면상추(쎄니앙상추)에 나스터춤·제비꽃 등을 풍성하게 구성한 화분

오른쪽 위 • 잎상추 등의 상추류와 식용꽃을 옆으로 퍼지게 구성 / **오른쪽 가운데** • 많이 깨진 화분도 깨진 부분이 안 보이게 심으면 보기 좋다. 아래로 늘어지는 귀여운 딸기가 포인트 / **오른쪽 아래** • 노스폴 주위에 여러 종류의 상추 씨앗을 뿌려서 싹이 난 화분

● 컨테이너를 이용한 채소정원의 성공비결은 높이다. 덩굴성 채소나 화초를 이용하고, 멋스럽게 지주에 감아서 높이를 조절한다.

● 두는 장소도 중요하다. 바닥이나 맨땅에만 두지 말고, 벽돌이나 선반 위에 올려놓아 입체적으로 보이게 한다. 크고 작은 용기가 잘 어울리도록 배치해도 좋다. 걸이화분을 이용하면 더욱 입체적으로 연출할 수 있다.

● 걸이화분을 장식하는 포인트는, 작은 것을 많이 거는 것보다 부피감이 있는 큰 화분 1~2개를 눈높이에 매다는 것이다. 이렇게 하면 시선을 집중시키는 효과가 크다.

● 또한 걸이화분을 만들 때에는 걸이화분 전용흙을 사용한다. 전용흙은 가벼워서 매달아도 무게 부담이 없다.

다양한 컨테이너 정원

오른쪽 • 장화에 팬지와 로즈마리 • 레몬밤 등을 심은 예

● 컨테이너는 화분이나 플랜터만으로 제한되지 않고 여러 가지 폐품을 이용할 수 있다. 이 경우에는 바닥에 물빠짐 구멍을 뚫어야 한다.

위 • 작은 컨테이너 정원은 바로 위에서 보는 것도 생각하여 옆으로 퍼지게 구성한다. 사진은 옆으로 자라는 산딸기를 이용하여 가로로 퍼지게 만든 작품이다. 뒤쪽에 심은 치커리의 위로 곧게 뻗은 잎모양도 포인트이다

오른쪽 • 청경채와 쑥갓 등의 허브로 풍성하고 색도 다양하게

오른쪽 • 파인애플민트와 산딸기의 잎, 파란 팬지가 돋보이다

오른쪽 • 키 큰 세이지와 펜넬, 그리고 아래로 늘어지는 줄기들을 조합한 예

채소정원.만드는.방법

- 채 소 정 원 의.매 력
- 채 소 정 원 을.설 계 하 자
- 계 절 별.정 원 의.설 계
- 정 원 용.흙.만 들 기
- 모 종.옮 겨 심 기
- 채 소 정 원 의.관 리
- 비 료.사 용 법
- 수 확

채소정원의 매력

채소정원은 말 그대로 가정에서 이용하는 채소를 중심으로 허브·과일·꽃을 가꾸는 정원이라는 의미다. 채소정원의 재미는, 평소에는 별로 눈길이 가지 않는 채소 잎의 미묘한 색이나 모양, 그리고 의외로 화려한 채소의 꽃을 솜씨 있게 구성하여 수확의 기쁨과 계절의 맛을 즐길 뿐만 아니라, 관상용이 아닌 채소를 디자인과 아이디어로 아름답게 보이게 하는 데 있다. 정원의 소재가 되는 채소의 잎과 꽃, 열매의 색과 모양, 키, 겉모습의 매력 등을 정리해본다.

선명한 빨강이 인상적인 적근대

잎색
초록색 외에도 적양배추처럼 붉은 자주~짙은 보라색 종류가 있다. 아티초크·라벤더·백묘국(설국)처럼 흰빛이 도는 초록색 또는 은색 잎도 정원을 꾸미는 소재로 중요하다.

잎 모양
잎 가장자리가 깊게 패인 수채(경수채)나 엔다이브, 직립형인 파·양파, 원형인 청경채 등 잎 모양에 따라 조화가 잘 이루어지도록 섞어 심어 정원의 모습을 다양하게 만든다.

키 차이를 이용하여 심은 모습

울타리에 덩굴을 감은 동아

꽃
채소의 꽃에는 오크라처럼 가녀린 것과, 염교처럼 개화기에는 관상용 꽃으로 착각할 만큼 아름다운 꽃이 많다. 꽃을 먹을 수 있는 아티초크나 식용국화 등도 있다.

잎 가장자리가 깊게 패인 모양의 수채

열매
채소정원의 중심은 열매채소류의 재배 및 수확이라고 해도 지나치지 않다. 단, 딸기 외의 열매채소는 고온성으로 대부분 내한성이 약하므로, 노지재배는 여름~가을로 한정된다.

덩굴
채소정원에서는 퍼걸러(pergola, 마당이나 지붕 등에 덩굴이 감겨 올라가게 만든 구조물), 울타리, 벽, 트렐리스(덩굴이 감길 수 있게 만든 화분대) 등에 덩굴성 식물을 감아 올려서, 배경이나 주변 환경과 조화를 이룬 정원의 아름다움을 효과적으로 연출한다.

아름다운 오크라꽃

키
키 30㎝ 전후의 작은 종류는 정원의 앞쪽 또는 가장자리에, 50~100㎝는 강조하는 부분에 이용하고, 100㎝ 이상은 화단의 뒤쪽이나 배경으로 적합하다. 채소의 키를 이용하여 공간을 입체적으로 디자인한다.

겉모습
채소를 감상해보면 실제로 재미있는 모양을 느낄 수 있다. 재배하면서 채소가 지닌 아름다움을 맛볼 수 있다.

내한성·내서성
채소정원은 계절을 알리는 생활 속 정원이다. 재배할 채소는 계절의 평균온도를 기준으로 한 내한성과 내서성을 고려한다. 가을~겨울에 자라는 내한성이 강한 종류도 많으므로, 화초가 얼어 죽는 저온기에도 정원을 아름답게 꾸밀 수 있다.

채소정원을 시작해보자

❯❯ 우선 미니 정원부터

처음부터 아름다운 채소정원을 만드는 것도 좋지만, 수확한 것을 가족이 먹는다는 생각으로 작은 정원부터 시작해보자. 정원의 한 모퉁이를 널빤지나 벽돌로 둘러싸서, 베드를 만들어 채소나 허브를 심는다.

컨테이너 가든부터 시작하는 것도 좋은 경험이 된다.

잎채소 중심으로 키우기 쉬운 채소를 심은 채소정원

❯❯ 디자인하는 방법

아름다운 정원을 만들고 싶어도 처음에는 좀처럼 좋은 아이디어가 떠오르지 않는다.

이럴 때에는 정원 꾸미기에 관한 잡지를 보거나, 다른 사람의 디자인을 참고하는 것도 좋은 방법이다. 실제로 채소정원을 디자인하고 꾸며보아야 비로소 좋은 아이디어가 떠오르고 독창적인 자신의 디자인이 나오게 된다.

❯❯ 채소정원의 설치 장소

정원인 경우

- 햇빛이 잘 드는 곳 : 햇빛이 잘 들면 채소는 골고루 빛을 받아서 잘 자란다. 그늘을 만드는 나무 등이 있는 경우에는 가지를 솎아주는 작업이 필요하다.
- 통풍이 잘 되는 곳 : 주변 식물들의 영향으로 통풍이 잘 안 되면 웃자라서 연약해지고 병해충이 발생할 수 있다.
- 물빠짐이 좋은 곳 : 물빠짐이 나쁘면 식물은 잘 자라지 못한다. 즉, 뿌리가 썩어서 생육이 나빠진다.

컨테이너인 경우

컨테이너 재배의 좋은 점은 좁은 장소에서도 재배할 수 있고, 이동이 가능하다는 점이다. 베란다나 현관 입구, 그밖에 부지 내의 다양한 곳에서 기를 수 있다.

꽃상자처럼 콘크리트블록으로 울타리를 만들어서 컨테이너를 모아두는 것도 재미있는 방법이다.

텃밭인 경우

텃밭은 일반적으로 햇빛이 잘 들고 통풍이 잘 되는 곳에 있으므로, 특별하게 문제 되는 것은 채소정원의 배경이 될만한 포인트가 없다는 점이다. 예를 들어, 물빠짐을 고려하여 베드를 높게 만들고, 나무틀로 둘러싼 다음 흙을 채워 넣거나, 시렁(덕) 또는 지주를 만들어서 입체적인 텃밭으로 만드는 등 아이디어로 포인트를 만들어야 한다.

밭으로서 좋은 환경을 가진 텃밭을 채소정원으로 변신시키기 위해서는 정원을 꾸미는 센스가 돋보여야 한다.

정원의 한구석을 벽돌로 둘러싸기만 해도 채소정원의 공간을 확보할 수 있다

청경채와 쑥갓의 모아심기를 창가에 두기만 해도 분위기가 있다

채소정원의 설계

🌸 정원의 형태

정원 형태에는 원형·정사각형·직사각형·삼각형 등 여러 모양이 있다. 처음에는 각각의 형태에 어떻게 심는 것이 좋을지 생각하는데, 이것이 또한 장점이다. 자유로운 발상은 자기만의 정원을 만들 수 있다.

프랑스에서 발전한 장식채원(채소정원)은 기하학적인 모양으로 구성하였다. 주위를 울타리로 높이 둘러쌌고, 관리하는 데 필요한 좁은 통로를 벽돌 등으로 꾸몄으며, 정원의 가장자리를 회양목 등으로 꾸민 스타일은 매우 아름다웠다. 구획을 정해서 채소나 허브를 심는 귀족계급의 정원이었다.

정원 만들기의 첫걸음은 외국이나 다른 정원의 예를 참고하는 것이다. 여기에서는 프랑스 귀족정원의 이미지로, 중앙 원형에 시선을 집중시키는 포인트로 아티초크를 심고, 정원을 대각선으로 교차하게 구획을 정했다. 이렇게 하면 좌우 대칭으로 심을 수 있고, 구획별로 의도하는 것이 명확해진다.

심고 3주 후

심기 전, 벽돌을 깐 정원

▶▶ 흙 만들기와 땅고르기

벽돌로 테두리를 친 사방 4m 넓이의 베드풍 정원에 채소정원을 디자인해보자.

베드의 특징은 지면에서 흙을 20~30cm 돋운 것으로, 물빠짐이 좋고 베드 자체가 구획이 되어 주변 경치와 조화를 이룬다.

토양 산도를 개량하기 위해 1m²당 고토석회 150g을 정원 전체에 뿌리고 밭을 잘 간다. 식물의 뿌리나 잡초·돌멩이 등이 있으면 제거한다.

그 다음에는 1m²당 퇴비 2kg, 부엽토 2kg, 화성비료 100g을 뿌린다. 흙덩어리는 부숴서 잘 섞고, 밭 표면을 레이크 등으로 평평하게 정리한다.

▶▶ 정원의 배경

배경은 중요한 요소이다. 정원을 아무리 아름답게 꾸며도 밭 한가운데에 있으면 매력이 없을 것이다. 아름다운 건물이나 울타리 등의 배경과 정원이 조화를 잘 이루어야 아름답다. 그래서 이번에는 나무로 만든 울타리를 배경으로 하여 정원을 만들어보자.

▶▶ 관리용의 좁은 벽돌통로 만들기

먼저 관리용의 좁은 벽돌통로를 만들어서 미리 땅고르기한 정원의 모양을 잡는다. 벽돌 까는 방법이 여러 가지인데, 여기에서는 벽돌 3줄을 반씩 걸치게 놓았다. 편안한 느낌의 통로가 아름다워서 심기 전인데도 벌써 기대된다.

채소정원 만드는 방법
채소정원의 설계

>> **구획별 테마**

아티초크는 이 정원의 상징으로 중앙에 배치한다. 앞쪽 코너는 '모자이크형의 허브정원'이 테마로, 자주 이용하는 허브류를 잎의 색을 고려하여 배치한다.

좌우 코너는 '대칭미를 살린 채소밭'이 테마. 아티초크를 중심으로 대칭이 되게 식물을 배치한다. 식물의 키가 배치 포인트로 앞쪽에는 키가 작은 종류, 뒤쪽에는 키가 큰 종류를 배치한다.

뒤쪽 코너는 가지의 짙은 보라색과 백묘국(설국)의 은백색, 브론즈펜넬의 청동색이 어우러진 '세련된 정원'이 테마. 제일 뒤쪽에는 덩굴성 오이를 심어서 나무울타리를 타고 올라가도록 입체적인 정원을 만든다.

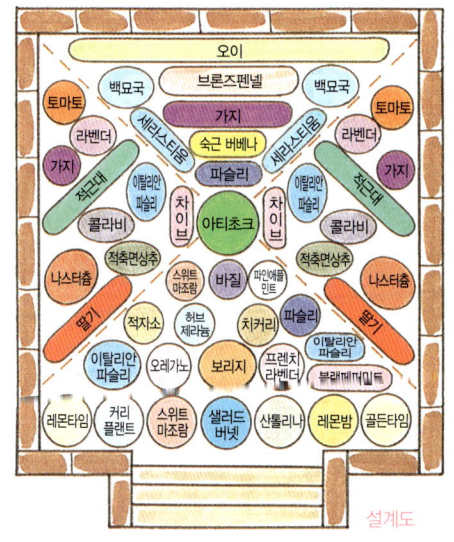
설계도

>> **임시 배치**

포기간격에 주의하면서 심을 식물 재료를 실제로 배치해본다. 식물이 자라서 어느 정도 퍼질지를 고려하여 간격을 결정한다. 일반적으로 채소 재배법에 따르지만, 채소정원에서는 약간 간격이 좁아도 괜찮다. 실제의 식물과 디자인이 잘 맞지 않으면 현장에 맞게 배치를 바꾼다.

임시 배치 / 임시 배치(부분)

>> **옮겨심기**

채소의 적기를 생각하고 늦서리와 온도 등에 주의해서 심을 시기를 결정한다. 심을 때에는 뿌리덩이보다 약간 크게 구덩이를 파서 물을 충분히 붓고, 물이 다 빠진 다음에 심어야 뿌리를 잘 내린다. 심은 후 물을 충분히 준다. 키가 큰 종류, 심은 후 안정감이 없는 종류는 지주를 세워서 유인한다.

심는 작업이 끝난 후 / 심는 중

계절별 정원 설계

🌸 봄에 보기 좋은 채소정원

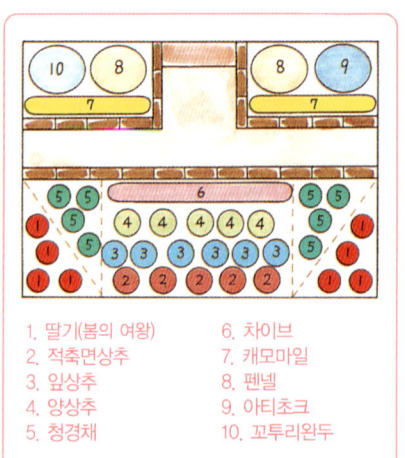

1. 딸기(봄의 여왕)
2. 적축면상추
3. 잎상추
4. 양상추
5. 청경채
6. 차이브
7. 캐모마일
8. 펜넬
9. 아티초크
10. 꼬투리완두

다양한 색의 화사한 봄철 채소정원. 생육도 왕성하고 계속해서 다른 모습을 보여주므로 보는 즐거움이 있다

봄부터 초여름까지는 1년 중 꽃이 가장 많이 피는 계절이다. 채소도 유채꽃을 시작으로 딸기·완두·무·양배추 등의 꽃이 차례로 피기 시작한다.

봄철 채소정원은 직사각형 정원으로 설계한 예다. 정원 가장자리에는 낮은 나무울타리를 만든다. 뒤쪽의 가운데에는 앤티크 분위기의 나무 벤치를 두어 시선을 모으는 포인트로 하고, 정원을 가로로 나누는 좁은 통로를 만든다.

좁은 통로는 벽돌로 테두리를 만들고 바닥에 나무칩을 깐다. 조금 힘들지만 로만캐모마일을 잔디처럼 심으면 더욱 매력적이다.

텃밭의 여왕인 딸기①를 앞쪽의 좌우에 배치한다. 청초한 하얀 꽃과 새빨간 열매, 매혹적인 향기, 수확 후의 달콤한 맛을 즐겨보자. 딸기 뒤쪽에는 둥근 잎과 잎자루가 귀여운 청경채⑤, 앞쪽 가운데에는 적축면상추(써니양상추)②·잎상추③·양상추④를 심는다. 잎색의 배합이 매우 화려하다.

또한, 상추 사이로 얼굴을 내밀 듯이 심어진 차이브⑥는 잎과 꽃이 사랑스러워서 정원의 포인트가 된다.

정원 뒤쪽의 앞줄에는 캐모마일⑦을 많이 심는다. 사과와 비슷한 좋은 향과 하얀 꽃을 즐긴 후에는, 꽃으로 신선한 허브차를 만들어 마시는 것도 좋다. 캐모마일의 진정작용으로 몸도 마음도 편안해진다.

뒷줄의 오른쪽에는 아티초크⑨를 심는다. 꽃봉오리를 먹을 수 있을 뿐만 아니라 큰 꽃과 은색 잎을 보는 것도 좋다. 그 옆에 키 큰 펜넬⑧을 함께 심으면 앤티크 벤치를 덮을 듯이 잎이 바람에 날린다.

뒤쪽 왼쪽에는 덩굴이 지주를 감고 올라가는 꼬투리완두⑩를 심는다. 콩과의 아름다운 꽃과 덩굴로 정원의 입체감을 연출해본다.

🌸 여름에 보기 좋은 채소정원

열매채소류 중심의 여름철 정원. 토마토·가지·오이를 차례로 수확하게 되므로 다 먹을 수 없을 정도이다. 그만큼 관리도 게을리 하지 않아야 한다

1. 나스터츔
2. 적근대
3. 삼칠초
4. 바질
5. 마리골드
6. 피망
7. 가지
8. 오이
9. 방울토마토
10. 오크라
11. 주키니호박
12. 청차조기
13. 모로헤이야
14. 여주

여름철 채소정원은 토마토·가지·오이 등의 열매채소가 주인공이다. 새빨간 토마토와 막 따온 오이의 신선한 맛은 키우는 사람만이 맛볼 수 있는 기쁨이다.

채소정원은 울타리를 친 정원 한 구석을 이용하여 설계하였다. 중앙에 벽돌을 3줄 깔아서 관리용 좁은 통로를 만들고, 정원을 2구획으로 나눈다. 각 구획에는 역시 벽돌 2개로 관리용 발판을 만들고, 앞쪽 곡선 부분에는 낮게 나무울타리를 만든다.

앞쪽 코너에는 나스터츔①을 맨앞에 심어서 정원에 넘치듯이 퍼지는 포기와 꽃을 관상한다. 나스터츔은 잎과 꽃을 먹을 수 있는 식용꽃으로, 어린 열매를 갈면 고추냉이 같은 매운맛이 난다. 그 옆에 적근대②·삼칠초③·바질④을 나란히 심으면, 각각의 선명한 색이 서로를 돋보이게 하여 화려한 정원을 연출할 수 있다. 모두 더위에 강한 종류들이다.

삼칠초는 삶아서 잘게 썰면 먹는 느낌이 미역과 같다. 바질은 스파게티에 자주 사용하는 친숙한 허브로 토마토 요리에 잘 어울린다.

발판용 벽돌 근처에는 마리골드⑤를 심어서, 정원을 꾸미는 동시에 토양선충을 막는 효과도 얻을 수 있다.

울타리에는 오이⑧가 감아 올라가게 심고, 그 앞쪽에 가지⑦와 피망⑥ 등 여름철 채소를 심는다. 뒤쪽 코너에는 비교적 병에 강한 방울토마토⑨를 심어서 지주로 유인하고, 오크라⑩·주키니호박⑪을 어울리게 심는다.

채소 중에서 가장 아름답다는 오크라꽃은 정원 속에서도 돋보인다. 발판 옆 울타리에는 여주⑭를 심어서 쓴맛도 즐겨본다.

그 앞에는 모로헤이야⑬와 청차조기⑫를 심어서 여름철 식탁을 다채롭게 만든다.

🌸 가을에 보기 좋은 채소정원

건강 채소정원
9. 파슬리
10. 콜라비
   (적콜라비:중앙)
11. 브로콜리

허브차 정원
12. 파인애플민트
13. 레몬밤
14. 라벤더
15. 세이지
16. 펜넬

샐러드 채소정원
1. 트레비소
2. 잎상추
3. 적축면상추
4. 쪽파

자주 먹는 채소정원
5. 시금치
6. 청경채
7. 래디시
8. 소송채

작게 구획을 나누어서 각각 테마를 정해 설계한 정원. 확실하게 구분해서 심을 수 있으므로 채소정원을 처음 시도하는 사람에게 좋다

수확의 계절 가을, 주변의 나무들이 물들기 시작하면 풍요로움에 감사하는 마음이 넘친다. 가을철 채소정원은 나무틀로 만든 4개의 베드를 이용한 테마 정원이다.

샐러드 채소정원

앞에서부터 트레비소①·잎상추②·적축면상추(써니양상추)③를 심고, 이것들을 둘러싸듯이 주위에 쪽파④를 심는다. 성장한 상추류 사이에서 위로 곧게 자란 쪽파의 잎이 튀어나오게 구성한 모양이 재미있다. 트레비소나 적축면상추의 붉은 잎은 다른 초록색 채소를 돋보이게 한다.

자주 먹는 채소정원

시금치⑤·청경채⑥·래디시⑦·소송채⑧ 등 4종류를 모자이크 모양으로 심는다. 모두 씨앗을 뿌려서 기르기 때문에 솎은 채소도 이용할 수 있다. 래디시는 빨강, 하양, 둥근 모양, 가늘고 긴 모양 등 색깔과 모양이 다양하므로 정원의 모양을 잘 생각해서 다양한 품종의 씨앗을 혼합하여 심는 것도 하나의 방법이다.

건강 채소정원

파슬리⑨는 녹즙 재료로 많이 이용한다. 콜라비⑩와 브로콜리⑪는 양배추의 한 종류로 대표적인 녹황색 채소이다. 콜라비는 줄기가 순무처럼 굵은 채소로 모양이 귀엽고, 스튜나 수프의 재료로 이용하면 맛있다.

허브차 정원

레몬밤⑬잎은 상쾌한 향의 차를 만들 수 있다. 무늬가 있는 파인애플민트⑫의 잎은 정원의 포인트로, 여러 종류의 허브와 아주 잘 어울린다. 라벤더⑭·세이지⑮는 잎이 은색으로 뒤쪽의 펜넬⑯과 조화를 이룬다.

채소정원 만드는 방법
계절별 정원 설계

🌸 겨울에 보기 좋은 채소정원

식물이 시드는 겨울철에도 채소정원을 가꿀 수 있다. 추위에 강한 채소나 화초를 중심으로 설계하면 좋다

잎채소류를 물결모양으로 심는다. 텃밭에서는 보통 직선으로 심지만, 심는 방법을 이렇게 달리하기만 해도 특색 있는 정원이 된다

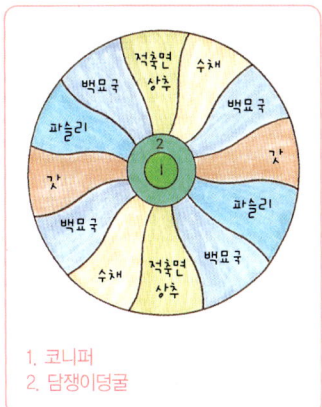

1. 코니퍼
2. 담쟁이덩굴

서리가 내리는 11월이 되면 정원의 화초들이 시들기 시작하여 마당의 정원도 쓸쓸해진다.

그러나 채소정원은 괜찮다. 추위에 강한 채소 중심으로 심으면 추운 겨울에도 색이 선명한 아름다운 정원을 만들 수 있다.

겨울철 채소정원은 원형 정원에 소재가 되는 식물들을 나선모양으로 심는다.

먼저 정원 중앙에 화분에 심은 코니퍼①를 준비하고, 코니퍼 밑동에 담쟁이덩굴②을 심어서 중심 포인트로 잡는다.

다음에 나선모양으로 곡선을 그리듯이 적축면상추·수채(경수채)·파슬리·갓·백묘국(설국)을 심는다. 디자인의 핵심은 백묘국이다. 백묘국의 하얀 잎은 다른 4종류의 채소와 잘 어울려 각각의 채소를 돋보이게 한다.

1~2월 혹한기가 오면 약해지는 종류도 있으므로, 시금치·양배추·적양배추·방울다다기양배추·케일·다채·홍채태 등을 이용하여 다른 디자인으로 심을 수도 있다. 쑥갓이나 임생채 등을 주로 심어서 찌개용 채소정원을 만드는 것도 재미있다.

또한 팬지·알리숨 등 추위에 강한 종류를 심으면 정원이 한층 더 화사해진다.

정원용 흙 만들기

채소정원의 흙을 좋은 흙으로 만들기 위해서는 어떻게 해야 할까? 흙에 퇴비·부엽토·피트모스 등의 유기물을 넣어준다. 유기물을 흙과 잘 섞기만 해도 흙 속에 틈이 많이 생겨서 흙이 푹신푹신해진다. 또한 유기물이 흙 속의 곰팡이나 박테리아 등의 미생물에 의해 분해되고, 동시에 흙 알갱이끼리 서로 달라붙게 하는 역할로 흙의 떼알짜임(단립화)을 촉진시킨다. 숲 속 낙엽수 아래의 흙이 푹신푹신한 것도 같은 이유 때문이다. 유기물은 해마다 분해되므로 매년 넣어주어야 하고, 석회(산성흙 개량)와 화학비료(양분 보급) 등도 잊지 않고 준다.

≫ 좋은 흙이란

좋은 흙을 만드는 것이야말로 아름다운 채소정원을 만드는 첫걸음이다. 좋은 흙을 만들면 그것만으로도 채소정원이 성공했다고 해도 과언이 아니다. 그렇다면 좋은 흙이란 어떤 것인가?

잎과 줄기를 잘 받쳐주고, 흙 속 수분과 비료 성분을 흡수하여 식물의 각 부분에 보내는 역할을 담당하는 '뿌리'가 활발하게 잘 활동하는 흙이 좋은 흙이다. 구체적으로 다음 요소들을 들 수 있다.

- 물빠짐이 좋다.
- 통기성이 좋다.
- 보수성이 좋다.
- 토양 산도가 알맞다.
- 비료 성분이 풍부하다.
- 병원균이나 해충이 적다.

흙은 미세한 알갱이[單粒]들로 이루어져 있다. 그러나 이런 알갱이 상태는 틈이 작아서 공기와 물의 흐름이 좋지 않은 점토나 모래와 같은 상태다.

점토 상태이면 식물은 산소 부족으로 뿌리가 썩는다. 또한 모래 상태에서는 수분 부족으로 뿌리가 제대로 활동하지 못한다. 이와 같은 흙을 홑알짜임[單粒構造]이라고 부르며 개량할 필요가 있다.

한편 알갱이와 알갱이가 붙어서 큰 알갱이가 된 것을 떼알[團粒]이라고 하며, 떼알이 많은 흙을 떼알짜임이라고 한다. 떼알짜임의 흙은 떼알과 떼알 사이의 틈이 비교적 크기 때문에 통기성과 물빠짐이 좋고, 하나하나의 떼알 속 작은 틈에 물을 저장할 수 있다.

채소정원의 흙을 만들 때 퇴비·부엽토(물빠짐·통기성·보수성 개선), 화학비료(양분 보급), 석회(산도 조정) 등을 많이 사용하는데, 이미 말했듯이 이들 모두가 흙 만들기에서는 중요한 요소들이다.

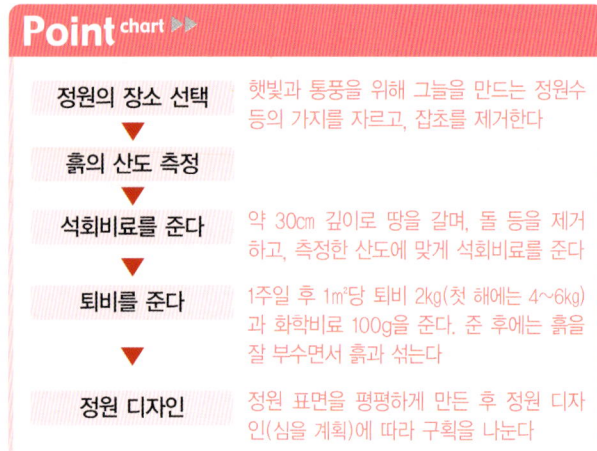

Point chart ▶▶

정원의 장소 선택	햇빛과 통풍을 위해 그늘을 만드는 정원수 등의 가지를 자르고, 잡초를 제거한다
▼	
흙의 산도 측정	
▼	
석회비료를 준다	약 30cm 깊이로 땅을 갈며, 돌 등을 제거하고, 측정한 산도에 맞게 석회비료를 준다
▼	
퇴비를 준다	1주일 후 1m²당 퇴비 2kg(첫 해에는 4~6kg)과 화학비료 100g을 준다. 준 후에는 흙을 잘 부수면서 흙과 섞는다
▼	
정원 디자인	정원 표면을 평평하게 만든 후 정원 디자인(심을 계획)에 따라 구획을 나눈다

p.26에서 소개한 가을에 보기 좋은 채소정원. 공간이 작으므로 흙을 만드는 작업도 간단하다

🌸 토질 검사

① **정원의 흙 표면을 손가락 끝으로 눌러본다**
  손가락이 깊이 들어가면 유기물이 많고 부드러운 흙이다. 그러나 딱딱해서 손가락이 들어가지 않으면 퇴비 등을 많이 넣어서 흙을 개량한다.

② **삽 등으로 파본다**
  부드러운 층이 20~30cm이면 합격. 그러나 15cm 이하이면 파 일구어 갈아준다.

③ **간나**
  괭이나 삽으로 갈 때 덩어리가 쉽게 부서지면 좋은 흙이다.

④ **손에 쥐고 손가락으로 눌러본다**
  흙을 갈고 나서 적당히 물기가 있는 흙을 손에 놓고 꽉 쥔다. 뭉쳐지지 않으면 모래가 많은 흙이다. 뭉쳐진 흙을 손가락 끝으로 살짝 눌러서 부서지면, 유기물이 함유된 떼알짜임의 흙이다. 이와 달리 덩어리가 부서지지 않는다면 홑알짜임의 흙으로, 통기성과 물빠짐이 좋지 않다.

⑤ **흙의 색과 알갱이 상태를 관찰한다**
  흙의 색과 알갱이 상태를 관찰하여 점토인지 모래흙인지를 판단한다.

흙을 만져서 토질 검사

1. 물기가 있는 흙을 손에 올려 놓고 꾹 쥐니

3. 떼알짜임의 흙이라면 살짝 눌러도 부서진다

2. 손가락으로 눌러서 부서지는 정도를 확인한다

🌸 흙의 산도 측정

우리나라의 흙은 모래흙이 많고 여름에 집중호우가 내려서 산성화하기 쉬운 특징이 있다. 산성이 강한 흙은 식물의 뿌리를 상하게 하여 양분 흡수를 저해하므로 결핍증상이 나타난다. 따라서 채소를 재배하기 전에 흙의 산도를 측정한다.

흙의 산도 측정 방법은, 채취한 흙에 흙의 약 2.5배의 증류수를 넣고 잘 섞은 다음, 상층액에 pH시험액을 넣고 색의 변화를 보는 방법이 가장 간단하다. 또한 쇠뜨기 등의 잡초가 넓게 분포하면 산성흙이라고 볼 수 있다. 흙의 산도를 조정하기 위해 수산화칼슘(소석회) 등을 뿌리는데(p.30 참조), 알맞은 산도가 될 때까지 정확하게 준다.

시약으로 산도 측정

1. 흙을 채취하여 흙의 2.5배의 증류수를 넣는다

2. 시약을 넣고 색을 확인

3. 시약

물빠짐 확인 방법

1. 비가 온 1~2일 후에 밭을 갈아서 흙이 부서지면 물빠짐이 좋은 편. 3~4일이 지나도 끈적끈적하면 물빠짐이 좋지 않은 흙이다.
2. 밭흙이 근처 다른 농가의 밭흙과 같은 경우, 다른 농가의 밭 두둑이 평평하면 물빠짐이 좋고, 두둑이 높으면 물빠짐이 나쁠 수 있다.
3. 같은 흙이라도 밑부분에 물이 잘 통하지 않는 층이 있거나, 지하수위가 높은 경우에는 물의 흐름이 없어 질퍽거리거나 물이 고여 있다. 비가 온 뒤에 물빠짐이 좋지 않으면 토층을 확인해보는 것도 중요하다.

🌸 토양 개량

물빠짐이 나쁜 점토질 토양은 다음과 같은 방법으로 개량한다.

① 퇴비 넣기

점토질 토양의 물리성을 개선하는 기본 방법은 퇴비를 넣어서 흙을 부드럽게 만드는 것이다. 한편 '모래나 사질토를 넣어서 물빠짐을 개선하면 좋다'고 쉽게 생각할 수도 있지만, 점토질 토양에 모래처럼 작은 입자가 섞이면 오히려 콘크리트처럼 굳을 수 있으므로 그다지 좋은 방법은 아니다.

② 풋거름(녹비) 작물 넣기

퇴비 같은 유기물을 구할 수 없는 경우에는, 풋거름 작물을 길러서 베어낸 것을 잘게 잘라서 흙에 넣어주는 방법도 있다. 종묘회사에 풋거름용 품종이 많이 나와 있다.

③ 토양 개량 재료 넣기

퇴비에 맞추어 펄라이트처럼 구멍이 많고 푸석푸석한 자재를 1㎡당 5ℓ 이상 넣어주면 통기성과 물빠짐이 좋아진다.

채소정원의 성공 여부는 오로지 토양 개량(흙 만들기)에 달려 있다고 해도 지나치지 않다. 좋은 흙을 만들면 그것만으로도 채소정원의 절반 이상은 성공한 것이다.

🌸 산성흙의 개량

밭에 수산화칼슘 또는 고토석회를 뿌리고, 1주일 후에 퇴비를 준다.

석회질 비료의 효과는 산성흙의 중화, 유기질의 분해 촉진, 흙의 떼알짜임화, 왕성한 미생물 번식 등이다.

단, 계속해서 석회만 주면 유기질의 분해 및 소모가 많아져서 흙이 단단해진다. 따라서 반드시 퇴비를 주어야 한다. 이 방법으로 산도를 조정하면 산성에 약한 식물을 제외하고는 대부분 괜찮다.

산성흙의 개량

1. 심기 1개월~2주 전에 수산화칼슘 또는 고토석회를 정원 전체에 뿌린다

2. 뿌린 후 바로 갈아서 흙과 잘 섞는다. 뿌리는 양은 흙의 산도에 따라 다른데, 1㎡당 100~200g이 기준. 단, 수산화칼슘은 산성을 중화시키는 작용이 강하므로 너무 많이 주지 않도록 주의한다

3. 1~2주 후에 유기물로 된 완숙퇴비를 1㎡당 약 2kg을 뿌려서 흙과 잘 섞는다

4. 레이크를 사용하여 흙을 평평하게 고른다

🌸 설계 포인트

흙 만들기가 끝나면 드디어 정원설계에 들어간다. 정원을 설계할 때 중요한 포인트는 건물이나 정원수 등의 배경이다. 서양풍 또는 동양풍 울타리에 덩굴성 식물을 감아 올리는 경우도 있다. 배경의 분위기에 따라 정원의 느낌이 달라진다.

일반적으로 채소정원의 배경 또는 주변에는 과실수나 정원수·허브 등을 심는다.

또한, 채소정원의 경우에 심은 채소를 관리할 통로는 꼭 필요하다. 채소는 씨앗을 뿌리고 나면 그것으로 끝나는 것이 아니다. 솎아내기·북주기·웃거름·지주 세우기·잡초 뽑기 등 끊임없이 관리해야 하며, 매일매일 오이나 토마토·가지 등을 수확해야 한다. 보는 것뿐만 아니라 잘 길러서 수확물을 맛보는 것이 채소정원이다.

따라서 통로는 실로 수평을 잡아서 좁은 벽돌길을 놓는다거나(사진 참조), 잔디로 통로를 만든다는 계획을 세워야 한다. 실용적이면서 통로 자체가 정원의 구성 요소가 되도록 아름답게 디자인한다. 동시에 관리용 좁은 통로는 정원을 구분해주기도 한다.

예를 들어, 하나의 정원을 좁은 통로를 만들어 몇 개로 나누면 관리하기 편하다. 그뿐만 아니라 '가을에 보기 좋은 채소정원(p.26)'에서 설명했듯이
- A구획 : 샐러드 채소 코너
- B구획 : 건강 채소 코너
- C구획 : 허브차 코너
- D구획 : 자주 먹는 채소 코너

등의 주제로 보기 좋고 아름답게 잘 나눈다.

통로를 낮게 하고 정원의 흙을 높게 하면, 두둑처럼 되어 물빠짐이 좋은 정원이 된다.

채소정원을 만드는 과정

1. 심기 전의 정원 모습

2. 실로 수평을 잡아 벽돌을 깐다

3. 좁은 통로 완성

4. 심은 후 2주가 지난 정원

모종 옮겨심기

채소재배에는 씨앗을 밭에 직접 뿌리는 직파재배와, 포트 등에 뿌려서 어느 정도 자란 다음에 모종을 옮겨 심는 이식재배가 있다. 직파재배를 하는 종류에는 무·당근 등의 곧은뿌리류와 재배기간이 짧은 시금치·소송채 등의 연약한 채소 등이 있다. 그 밖의 종류는 관리상 이식재배가 좋다. 씨뿌리기와 옮겨심기는 채소 종류별로 정해진 두둑폭과 포기간격의 기준에 따른다. 채소정원에서는 포기간격을 기준보다 좁혀서 심는 경우가 많다. 이렇게 심으면 처음에는 분위기가 아름답고 정돈된 느낌을 주어 좋지만, 성장하면서 바람이 잘 통하지 않아 병이 생기기 쉬우므로 주의해야 한다.

씨뿌리기의 3가지 방법

일반적으로 채소의 씨를 뿌리는 방법은 그림처럼 3가지이며, 채소의 종류나 씨를 뿌리는 장소에 따라 알맞은 방법을 선택한다. 채소정원에서의 씨뿌리기도 기본적으로는 같은 방법이지만, 밭에서처럼 씨를 직선으로 뿌리는 것이 아니라 곡선일 때도 있고, 정원 디자인에 따라 알맞게 달리한다.

Point chart ▶▶
- 곧은뿌리류(당근·무·순무 등), 수확까지의 재배기간이 짧은 채소(시금치·소송채 등)는 직파재배.
- 모종을 기르는 기간이 긴 열매채소류(토마토·가지·피망 등), 결구하는 채소(양배추·양상추 등)는 모종을 길러서 옮겨 심는다.
- 종류별로 알맞은 두둑폭과 포기간격이 있으므로, 이것을 기준으로 씨를 뿌리고 옮겨 심어야 한다.

점뿌리기
두둑 위에 일정 간격(포기간격)으로 한 곳에 여러 개의 씨앗을 뿌리는 방법. 씨앗을 절약할 수 있고 솎는 삭법도 간편하다(무·옥수수 등). 씨앗이 서로 붙지 않게 뿌리는 것이 포인트. 그래야 나중에 솎을 때 편하다.

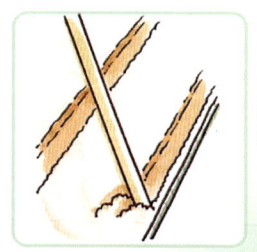
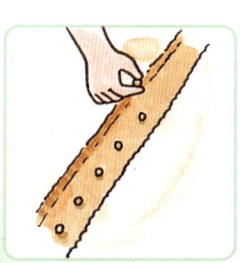

흩뿌리기
두둑의 표면 전체에 씨앗을 흩어 뿌리는 방법으로, 수확량은 늘어나지만 관리하기가 힘들다(생육기간이 짧은 종류).

줄뿌리기
파종구에 1줄로 씨를 뿌리는 방법으로 관리가 쉬워서 널리 이용한다. 파종구가 1줄이면 1줄 뿌림, 2줄이면 2줄 뿌림이라고 한다(시금치·소송채·당근 등).

🌸 모종 기르기 방법

>> **발아까지의 관리**

포트나 모종상자 등에 씨앗을 뿌려서 모종을 기르는 것을 '모종 기르기(육묘)'라고 한다.

모종상자 등에 씨앗을 뿌려서 모종이 자라면 포트 등에 옮겨 심는 방법과, 포트 등에 씨앗을 뿌려서 솎으면서 모종을 기르는 방법 등이 있다. 초보자는 포트에 씨를 뿌리는 방법이 무난하다.

모종 기르기할 때에는 씨뿌리기용 배양토를 구입하여 사용하며, 씨를 뿌린 후에는 발아할 때까지 물주기에 신경을 써서 흙이 건조해지지 않도록 주의한다.

모종상자에 씨뿌리기

배양토를 넣고 5cm 간격으로 줄을 만든다

1cm 간격으로 씨를 뿌린다. 흙을 얇게 덮고 신문지 등을 씌워서 발아할 때까지 건조해지지 않게 주의한다

POINT
포트 등에 옮겨 심는 시기가 중요하다. 옮겨 심을 때 상처가 적은 것은 대부분의 종류가 본잎이 1~2장일 때다. 특히 옮겨심기에 약한 종류는 모종의 크기가 크면 클수록 옮겨 심을 때 상처가 더 심하다.

떡잎이 시들어진 본잎이 1~2장일 때 비닐포트 또는 연결포트에 옮겨 심는다

🌸 모종 기르기 포인트

채소의 종류마다 발아 온도가 다르므로 주의한다. 토마토는 25~28℃로 약간 고온을 좋아하며, 양상추 등은 18~20℃에서 발아가 촉진되고 25℃ 이상의 고온에서는 발아가 잘 안된다.

모종 기르기할 때 가장 주의해서 관리해야 하는 것은 물주기다. '건조해지면 흠뻑 준다'는 것이 기본이다. 모종을 기를 때에는 포트가 작아서 수분이 너무 지나치면 뿌리가 썩는 경우가 많다.

성장하여 잎이 서로 부딪힐 정도가 되면 포트 사이의 간격을 넓혀서 포기를 튼실하게 키운다. 옮겨심기에 알맞은 모종 크기는 종류마다 다르다. 양상추는 본잎이 3~4장일 때, 토마토는 첫 번째 꽃송이의 꽃이 피었을 때다. 이보다 더 자라면 '노화 모종'이 되어 옮겨 심은 후에 뿌리를 잘 내리지 못한다.

포트에 씨뿌리기

비닐포트에 4~5개의 씨앗을 뿌린다. 발아할 때까지 건조에 주의한다

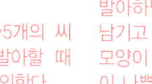

발아하면 바로 3포기만 남기고 솎아낸다. 떡잎의 모양이 나쁜 것과 생육이 나쁜 것을 없앤다

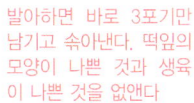

본잎이 3~4장일 때 1포기만 남긴다

본잎이 5~6장이 되면 옮겨 심을 적기다

POINT
솎아내기는 중요한 작업이다. 솎는 것이 늦어지면 웃자라서 모종의 마디 사이가 너무 자라버리기 때문에 적기에 솎아낸다.

모판

모종에 물주기. 물이 나오는 부분을 바로 대고 물을 주면 흙이 튀므로, 손바닥으로 감싸서 물줄기를 약하게 만든다

🌸 모종 선택하기

원예와 함께 가정 텃밭에 대한 관심이 많아지면서, 어느 원예점에서나 계절에 앞서 다양한 종류의 채소 모종을 선보이고 있다. 그러나 심는 시기보다 너무 이른 시기에 토마토나 가지 등의 모종을 판매하고 있다.

원예나 농업 분야에서는 흔히 '묘반작(苗半作)' 이라고 말한다. 이는 '모종이 좋고 나쁨에 따라 수확량의 절반이 결정된다'는 의미다. 직접 골라서 구입한 모종의 상태가 생육에 크게 영향을 미치기 때문에 모종을 보는 안목을 키워야 한다.

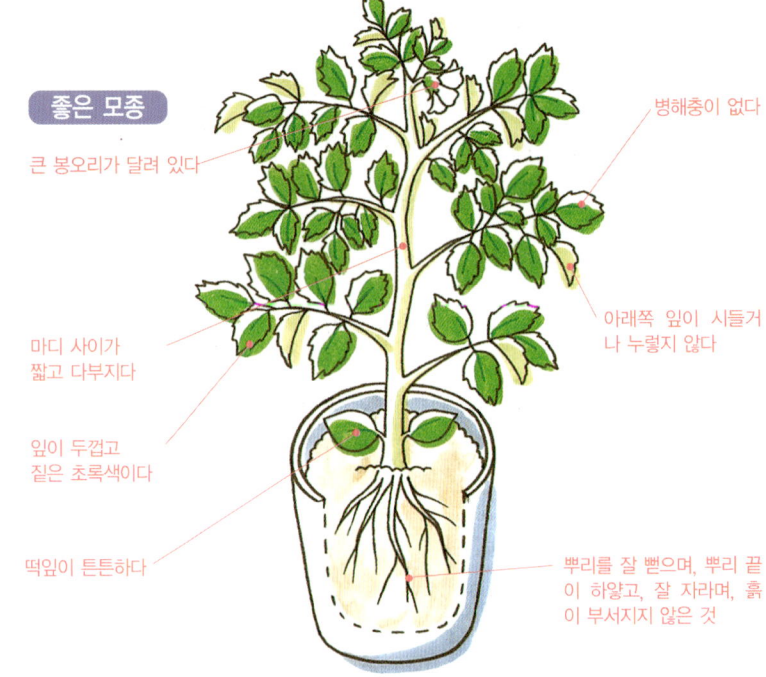

좋은 모종
- 병해충이 없다
- 큰 봉오리가 달려 있다
- 아래쪽 잎이 시들거나 누렇지 않다
- 마디 사이가 짧고 다부지다
- 잎이 두껍고 짙은 초록색이다
- 떡잎이 튼튼하다
- 뿌리를 잘 뻗으며, 뿌리 끝이 하얗고, 잘 자라며, 흙이 부서지지 않은 것

›› 조금 비싸도 접나무모가 좋다

채소 모종 1그루당 가격은 비슷한데, 가지·오이·수박·멜론 등의 경우에는 가끔 비싼 종류도 있다.

이것들은 가지나 호박 등을 바탕나무(대목)로 하여 각 채소를 접붙인 '접나무모' 이다. 바탕나무의 영향으로 흙 속에 있는 병해충에 강해져서 피해를 줄일 수 있으며, 기온이 내려가도 생육이 좋아지는 등 수확량이 늘어나는 효과가 있다.

오이의 경우, 접나무모가 아닌 일반 모종에서는 표면에 붙은 하얀 가루를 곰팡이로 착각할 때가 많았다. 접나무모라면 이런 하얀 가루가 생기지 않는 고품질의 오이를 만들 수 있다.

나쁜 모종
- 아래쪽 잎이 누렇다
- 웃자라서 마디 사이가 길다
- 떡잎이 없다

● 좋은 모종 선택방법 ●
옮겨심기에 알맞은 모종 크기는 채소 종류에 따라 기준이 다르다. 예를 들어 토마토와 가지는 첫 번째 꽃송이의 꽃이 필 때쯤, 양배추와 브로콜리 등은 본잎이 5~6장일 때가 가장 적기다.

접나무모
접나무모는 가격이 비싸다는 점 이외에도 포기 밑부분에 접붙인 흔적이 있으므로 구별할 수 있다. 모종에 따라서는 접붙인 부분에 고정용 클립이 붙어 있는 것도 있다.

고정용 클립이 붙어 있는 것은 쉽게 구분할 수 있다

채소정원 만드는 방법
모종 옮겨 심기

🌸 옮겨심기

봄여름 재배의 옮겨심기에서 중요한 것은 늦서리다. 가지·토마토 등의 열매채소는 보통 4월 하순부터 5월 상순에 걸쳐, 늦서리 걱정이 없을 때 옮겨 심는다. 이보다 빨리 옮겨 심을 경우에는 늦서리로 모종이 죽어버리거나, 저온으로 모종의 뿌리내림이 나빠지지 않도록 비닐터널로 모종을 덮어준다.

모종을 옮겨 심을 때에는 되도록 흐리고 바람 없는 날이 좋다. 맑고 햇빛이 강하고 게다가 바람까지 세게 부는 날 옮겨 심으면, 모종에 상처가 나거나 줄기가 부러지는 경우도 있으므로 주의한다.

모종을 옮겨 심는 방법

1. 두둑에 이식용 삽으로 뿌리 부분이 충분히 들어가게 심을 구멍을 판다

2. 구멍에 물을 듬뿍 준다

3. 물이 빠지면 뿌리부분이 부서지지 않게 포트에서 모종을 꺼내 심는다

4. 포기 아래를 흙으로 덮고 흙을 살짝 눌러준 다음 물을 충분히 준다

5. 열매채소류인 경우, 임시지주를 세우고 모종이 흔들리지 않게 줄기와 지주를 끈으로 묶는다

🌸 지주 세우기

지주의 기본 역할은 식물을 지탱하는 것이다. 이것을 염두에 두고 디자인한다

덩굴성인 오이·여주·꼬투리완두·말라바시금치 등이나, 키가 높아지는 토마토·방울토마토는 지주를 세워서 입체적으로 기른다. 일반 지주를 세워서 길러도 충분히 아름답지만, 장식적인 채소정원에서는 지주도 디자인의 일부로 생각하고 신경 써서 만드는 것이 좋다.

퍼걸러·트렐리스 등으로 유인하거나, 3개의 대나무지주를 피라미드 모양으로 엮어서 유인하는 등 아름답게 보이도록 방법을 생각해본다.

지주를 맞잡은 손처럼 엮은 합장식

트렐리스에 고추를 감아 올려 보기 좋게 만든다

채소정원의 관리

채소정원은 '씨앗을 뿌리고 모종을 옮겨 심은 후에 수확을 기다리는 것만'이 결코 아니다. 씨뿌리기나 옮겨심기는 채소정원의 시작에 불과하다. 싹이 나오면 솎아주고 잡초를 뽑아주며, 웃거름을 주고 북주기를 하는 등 수확할 때까지 계속 관리해야 한다. 즉, 신경 써서 관리하면 관리한 만큼 그 동안의 노력으로 아름다운 정원이 되고 수확의 기쁨이 되어 돌아온다. 일상적인 관리의 중요함과 그 의미를 생각해본다.

웃거름

채소의 생육상태를 보고 화학비료 등을 주어 생육을 돕는 것을 웃거름이라고 한다. 웃거름의 주요 영양분은 질소이다. 또한 잎 표면에 액체비료를 뿌려주는 방법도 있다. 웃거름은 속효성이므로, 뿌린 후 2~3일이 지나면 잎의 색이 짙어지고 효과를 확인할 수 있다.

옮겨 심은 직후

수확 전

웃거름 전용 화학비료를 1m²당 30~50g 포기 밑부분과 두둑 사이에 뿌린다. 채소는 자라면서 양분을 많이 흡수하는 경향이 있다. 따라서 필요한 비료를 모두 밑거름으로 주면 수확까지 비료가 부족하다

Point chart ▶▶

물주기	발아할 때까지는 건조하지 않게 물을 주고, 발아 후에는 건조해지면 물을 흠뻑 준다.	사이갈이	포기 사이 또는 두둑 사이의 흙 표면을 가볍게 갈아서, 잡초 방제와 흙의 통기성을 좋게 한다.
솎아내기	알맞은 간격으로 신속하게 솎아준다.	북주기	포기가 쓰러지는 것을 막고, 잡초 방제와 물빠짐을 좋게 한다.
잡초 뽑기	철저하게 뽑아서 병해충을 예방한다.	순지르기	열매채소류는 크게 자라면 순지르기를 한다.
웃거름	채소 잎색을 관찰하고, 적기를 생각하고 웃거름을 준다.	곁눈따기	햇빛과 통풍이 좋게 하고 생육을 조절하여 열매를 크게 기른다.
지주 세우기·유인	덩굴성 채소나 열매채소는 지주로 유인한다. 옮겨 심은 후에는 임시지주를 세우고, 조금 지나서 본지주를 세운다.	차광·서리막이	채소의 생육을 돕는다.
		병해충 방제	빨리 발견하여 조기 방제에 힘쓴다.

채소정원 만드는 방법
채소정원의 관리

🌸 사이갈이

　정원 관리를 게을리 하면 비 등의 영향으로 흙 표면이 굳어져서 통기성과 물빠짐이 나빠지거나, 알지 못하는 사이에 잡초가 번성한다. 이런 경우에 잡초를 제거하고 흙 표면을 부드럽게 해주는 사이갈이를 한다.
　사이갈이와 잡초 뽑기를 하면 정원의 배색이 채소의 초록색과 흙색 2가지로 더욱 아름다워지고, 채소의 생육도 좋아진다.

🌸 잡초 뽑기

　잡초는 흙의 양분과 수분을 빼앗을 뿐만 아니라, 초기생육이 느린 채소를 가려서 어린 모종일 때 죽게 할 수도 있다. 발아 직후부터 잡초 뽑기를 잘하면 억제할 수 있다. 생육 후반기가 되면 채소가 무성해져서 오히려 잡초가 억제된다. 잡초 뽑기에 필요한 도구가 다양하지만, 작은 규모의 채소정원에서는 기본적으로 생각날 때마다 부지런히 손으로 뽑는 것이 제일 좋은 방법이다.

두둑 사이나 포기 사이의 흙 표면을 가볍게 갈아준다. 밭의 상태를 보면서 월 1~2회 웃거름과 북주기를 함께 한다. 사이갈이에는 제초용 낫, 괭이, 소형 갈퀴 등을 이용한다

손으로 뽑거나 또는 제초용 낫, 괭이등을 이용하여 관리한다. 제초제를 이용하는 방법도 있지만, 채소정원은 그다지 넓지 않으므로 손으로 직접 한다

🌸 북주기

　채소가 중심인 채소정원에서는 일반 정원과는 달리 흙을 북주기를 하면서 관리한다. 포기가 작을 때에는 손이나 손가락으로 포기 아래에 있는 흙을 모아서 쌓아주면 상처가 나지 않는다.

>> 북주기의 효과
● 포기가 쓰러지는 것을 막는다.
● 뿌리채소류(특히 감자)인 경우, 땅 속 부분이 드러나서 착색되는 것을 막는다(착색 부분에는 솔라닌이라는 유해물질이 있다).
● 잡초 발생을 억제한다.
● 파의 경우, 잎이 연백된다(북주기하지 않으면 하얀 부분이 적어진다).
● 북주기로 두둑이 높아지고(높은 두둑) 물빠짐이 좋아진다.

두둑 사이의 흙을 포기 아래에서 모아준다

순지르기

줄기의 끝쪽(생장점)을 자르는 것이 순지르기다. 식물은 순지르기하면 잎과 줄기가 붙어 있는 부분에서 곁눈이 왕성하게 나온다. 식물은 생장점이 있어서 곁눈 성장이 억제되는 성질이 있기 때문이다. 이러한 순지르기 기술은 여주나 쑥갓뿐만 아니라 여러 종류의 채소 재배에 이용한다.

여주
본잎이 7장 정도 되었을 때 생장점을 가위로 순지르기한다. 자라나온 곁가지(곁눈)를 4~5개 키운다. 이렇게 하면 암꽃이 빨리 달린다.

쑥갓
키가 약 20cm가 되면, 본잎을 4~5장 남기고 중심에 자란 원가지를 순지르기한다. 그 후에는 차례로 자라 나오는 곁눈을 포기 밑동에서 2마디를 남기고 수확한다.

곁눈따기(가지고르기)

곁눈따기는 햇빛을 골고루 비추게 하고 통풍을 좋게 하여 생육을 조절하여 열매가 잘 자라게 하는 효과가 있다. 곁눈따기를 하면 수확이 빨라지고 열매가 골고루 커진다. 또한 지주에 단단히 잘 유인하면 채소정원이 정돈된 느낌을 준다.

토마토 · 방울토마토
손가락으로 가리키는 부분이 곁눈. 가위로 자를 때 병든 포기를 잘랐던 가위를 사용하면 감염될 우려가 있으므로 소독해서 사용한다.

🌸 사계절 자연재해 대책

채소정원은 기후나 환경의 영향을 받기 쉬운 노지에서 재배하기 때문에, 사계절 자연재해에 대해 대책을 충분히 세워야 한다. 각 계절마다 주요 주의점은 다음과 같다.

봄
늦서리의 영향으로 싹이 나온 채소나 옮겨 심은 채소가 서리 피해를 입어 말라죽는 경우가 자주 있다. 또한 옮겨 심은 후 강한 바람이 불면 모종이 줄기가 부러질 수도 있으므로 주의한다.

여름
장마철에 습기가 너무 많기 때문에 병해가 많이 발생한다. 지구온난화와 고온·건조로 식물의 피해가 심각한 경우도 있다. 또한 물이 부족하여 옥수수의 작황이 나빠지기도 한다.

가을
태풍으로 대표되는 비바람이 있다. 애써서 잘 기른 채소가 떠내려가거나 침수되어 말라죽거나 또는 부러지는 등 심한 피해를 입을 수 있다.

겨울
추위에 약한 채소는 땅 윗부분이 시들거나 동해(凍害)를 입어 썩는다. 서릿발로 채소의 뿌리가 들떠서 말라죽는 피해도 있다.

≫ 차광·서리막이

모종을 옮겨 심은 후에는 식물의 수분이 증발하는 것을 막기 위해 햇빛을 막아주고, 뿌리가 내리도록 돕는다. 햇빛을 막는 차광재료는 한랭사를 많이 사용한다. 모종을 덮어주면 해충 방제효과도 있다. 또한 태풍이 왔을 때 소송채나 청경채를 한랭사를 이용하여 터널재배하면 피해를 막을 수 있다.

추울 때 채소를 재배하는 경우에는 서리막이나 보온을 해줘야 한다. 최근 자재가 다양하게 개발되어 있으므로 잘 활용하여 채소를 장기간 즐겨보자.

• 차광·서리막이 자재

한랭사
지주로 터널모양을 만들어 모종을 덮는다. 차광·서리막이 역할뿐만 아니라 해충 방제에도 효과적이다.

부직포
전체를 바닥덮기할 때 자주 사용한다. 채소 위에 바로 씌워서 보온 재배한다. 통기성과 투수성이 있어서 부직포 위에 직접 물을 줄 수 있으며, 수확을 앞당길 수 있다.

비닐터널
지주를 반원형 터널모양으로 세우고 그 위를 비닐로 덮는다.

🌸 병해충 대책

병해충을 막으려면 좋은 재배 환경을 만들고 관리를 철저히 하여 한 포기 한 포기 무럭무럭 잘 자라게 한다.

그러나 병해충은 채소에 항상 따라붙는 것. 예방에 주의를 기울여도 해충이 먹이를 찾아 밖에서 날아오고, 빗물이 튀면서 흙으로부터 병원균에 감염된다. 그대로 두면 피해가 커지므로 올바른 방법으로 대처하는 것이 중요하다.

병해충을 발견하면 먼저 그것이 무엇인지 조사하고, 효과적인 농약을 고른다. 해충의 이름을 모를 경우에는 지역의 농업기술센터나 농협, 원예 전문점 등에 구제방법을 자세히 상담한다. 원인이 밝혀지면 선택한 농약을 사용시기와 횟수, 농도, 뿌리는 양 등을 잘 지켜서 정성껏 뿌린다.

농약의 종류에 따라 약해가 일어나는 채소가 있으므로 뿌리기 전에 농약의 사용법을 잘 확인한다.

≫ 병을 예방하려면
- 저항성 품종을 이용한다.
- 접나무모를 이용한다(호박을 바탕나무로 한 오이 등).
- 돌려짓기 · 바닥덮기
- 박과의 덩굴쪼김병에는 파와 섞어짓기하는 것이 효과적. 또한 병에 걸린 잎이나 포기를 제거해서 다른 포기에 전염되지 않게 하는 것이 중요하다.

≫ 효과적인 해충 방제법
해충의 경우, 우선 예방법으로 한랭사 등을 씌워서 네트재배를 한다. 또한, 은색 줄무늬가 있는 특수 자재를 이용하여 바닥덮기하면 진딧물 방제에 효과적이다.

≫ 해충이 발생하면
- 즉시 잡아서 죽인다.
- 배추벌레의 애벌레나 배추좀나방 등에는 안전성이 높은 BT제가 효과적이다.
- 물을 세게 뿌리면서 재배하거나, 마리골드를 심는 것도 효과적이다.

마리골드(오른쪽)는 선충에 효과가 있다. 채소정원의 가장자리에 심으면 좋다

가지 등은 잎이나 포기 전체에 샤워하듯이 물을 뿌려서 진딧물을 막는다

비료 사용법

식물이 순조롭고 건강하게 생육하기 위해서는 흙에서 10여 종류의 영양소를 흡수해야 한다. 그 가운데 비교적 많은 양이 필요한 것을 다량원소(N, P, K, Ca, Mg, S), 적은 양으로 충분한 것을 미량원소(Fe, Mn, Zn, Cu, B, Mo, Cl)라고 한다. 어떤 원소(양분)가 부족해도 잘 자라지 않는다. 양분이 부족하면 생육이 나빠지고 열매가 작아지는 등 그 영향이 나타난다. 특히 질소(N)·인산(P)·칼륨(K) 등 3요소는 채소를 재배할 때마다 주지 않으면 수확량을 충분히 얻을 수 없다. 그렇다고 너무 많이 주어도 뿌리가 상해서 생육이 나빠진다.

질소(N)·「잎 비료」
충분한 경우 = 잎이 넓어지고 색도 짙어진다.
부족한 경우 = 생육이 잘 안 되어 잎이 작아지고, 아래 잎부터 마르기 시작해서 전체가 황록색이 된다.

인산(P)·「열매 비료」
충분한 경우 = 생육이 좋아지고 꽃과 열매의 발육이 촉진된다.
부족한 경우 = 토마토는 잎이 짙은 초록색이 되고, 생장점에 가까운 어린 부분이 작아지며, 생육과 열매달림이 나빠진다.

칼륨(K)·「뿌리 비료」
충분한 경우 = 식물의 생리작용 조절이 순조롭고 뿌리나 줄기가 튼튼하게 자란다.
부족한 경우 = 잎이 짙은 초록색이 되고 밑부분의 오래된 잎부터 마른다. 뿌리의 발달이 나빠지며, 특히 뿌리채소류에서 중요한 땅 속 부분의 발육이 나빠진다.

🌸 유기질비료와 화학비료

비료는 크게 동식물을 원료로 한 유기질비료와 화학공업적으로 만들어진 무기질비료로 나뉜다.
● **유기질비료** : 동물성비료(어박·지렁이 배설물 등)와 식물성비료(깻묵·쌀겨 등)가 있다. 둘 다 미생물에 의해 흙 속에서 무기화하여 식물에 이용되므로, 완효성·지효성 비료이다.
● **무기질비료** : 화학비료가 대부분이다. 이것은 다시 질소·인산·칼륨 등 3요소 중 한 성분만 들어 있는 '단비'와, 2가지 이상의 성분이 들어 있는 '화성비료(복합비료)'로 나눌 수 있다. 가정 텃밭에서는 사용하기 편리하며 속효성인 액체비료도 많이 사용한다.

화성비료에도 여러 종류가 있으므로 용도에 따라 구분하여 사용한다. 화성비료(무기질 원료만 사용), 유기질 함유 화성비료(무기질 원료에 부식질의 유기물을 첨가한 것), 피복 화성비료(화성비료를 미세한 구멍이 뚫린 막으로 씌운 것) 등이 있다.

🌸 유기질비료의 추천

환경친화적이면서 안전한 채소를 재배하고 싶다면 유기질비료를 사용한다.

단, 비료 효과가 늦게 나타나기 때문에 씨뿌리기나 옮겨심기 3~4주 전에 미리 비료를 주어서 분해를 촉진한다. 예를 들어 깻묵 등은 씨뿌리기 직전에 주면, 분해과정에 가스가 생겨서 발아 불량이 되거나 뿌리가 상하고, 해충이 발생하기도 한다.

그래서 주목받는 비료가 유기배합비료라는 닭똥과 쌀겨 등을 혼합하여 발효시킨 유기질비료이다. 분해되어 있기 때문에 유기질비료 중에서는 속효성이고, 웃거름으로도 사용한다.

그밖에 분변토라는 지렁이 배설물도 흙에 10~20%를 섞으면 채소의 생육이 아주 좋아진다는 사실이 실험을 통해 밝혀졌다. 작은 규모의 채소정원에서는 원래 유기농 무농약재배가 이상적이다.

›› 여러 종류의 비료

일반적으로 유기질비료는 효과가 천천히 오래가고, 화학비료는 빠르고 짧다는 점에 기준을 두고 사용한다.

퇴비 토양개량제로 많이 사용. 성분은 대략 질소 0.5%, 인산 0.2%, 칼륨 0.7%이며, 미량요소인 붕소와 몰리브덴 등도 들어 있다.

부엽토 낙엽이 쌓여서 6개월~1년 발효된 것. 대표적인 토양개량제로 흙을 부드럽게 만든다. 질소 0.6%, 인산 0.2%, 칼륨 0.5% 함유.

소똥 건조된 것과 발효된 것이 있다. 건조된 것은 질소 1.7%, 인산 1.8%, 칼륨 1.7%로, 재배 초기에는 화성비료와 함께 사용한다. 심기 1개월 전에 준다.

깻묵 콩·깨 등으로 기름을 짜고 남은 찌꺼기. 질소 5.3%, 인산 2.3%, 칼륨 1.0%로 질소가 주요 성분. 지효성이므로 밑거름으로 사용한다.

유기배합비료 깻묵·쌀겨·닭똥 등 유기질비료를 혼합하여 공기와 접촉시켜서 발효시킨 비료. 발효 처리된 유기배합비료는 웃거름으로도 사용한다. 성분은 만든 재료에 따라 다르다.

화성비료 질소 15%, 인산 15%, 칼륨 15%(N-P-K=15-15-15) 또는 질소 8%, 인산 8%, 칼륨 8%(N-P-K=8-8-8) 등으로 질소·인산·칼륨이 같은 비율로 들어 있는 것은 비료계산도 쉽고 사용하기도 편리하다. 채소 전용 비료도 판매한다.

용성인비 물에 잘 녹지 않는 인산을 20% 정도 함유한 완효성 인산비료. 고토나 석회 등이 많이 들어 있어서 밑거름으로 사용하면 토양개량 효과도 있다.

석회질소 석회에 시안아미드태(cyanamide態) 질소가 결합한 비료. 흙 속 수분과 반응하여 시안아미드가 분리되며, 이 시안아미드가 병해충을 살충·살균하는 농약 효과를 낸다. 비료(질소 성분, 석회 성분)와 농약(선충 방제, 병원균 살균)의 두 가지 역할을 한다.

석회질비료 소석회(알칼리 65%), 탄산칼슘(알칼리 55%), 고토석회(알칼리 43%) 등. 알칼리 성분이 많은 소석회는 흙의 산도를 교정하는 효과가 크기 때문에 주는 양에 주의한다. 고토석회는 마그네슘을 10% 함유하며, 알칼리 성분도 43%로 효과가 천천히 나타나므로 탄산칼슘과 함께 추천할만하다.

액체비료 500~1000배의 규정 농도로 희석하여 물 대신에 준다. 엽면살포(葉面撒布)로 잎에 직접 줄 수도 있다. 속효성.

🌸 비료를 사용하는 방법

① 유기물을 전혀 사용하지 않고 화성비료만으로 재배하면 토양의 물리적인 성질이 나빠져서 식물 생육에 심각한 장해가 일어난다. 흙을 만들 때 반드시 퇴비나 부엽토 등의 유기물을 함께 사용한다.
② 일반적으로 비료는 밑거름과 웃거름으로 나누어 준다. 채소의 생장을 보아가며 웃거름 형태로 주는 것이 이상적이다.
③ 채소마다 알맞은 비료의 양이 있다. 화학비료를 너무 많이 주면 생육 불량의 원인이 된다.
④ 퇴비나 화성비료, 석회 자재를 함께 주면 암모니아 가스가 발생하여 가스 장해를 일으키거나, 질소 성분이 없어지므로 피한다. 석회를 뿌려서 밭을 갈고, 1~2주 지나서 퇴비와 화성비료를 준다.
⑤ 유기질비료는 3~4주 전에 미리 주어서 흙 속에서 충분히 썩힌다.

▶▶ 가정에서 음식물쓰레기로 퇴비 만들기

가정에서 나오는 채소쓰레기, 음식물쓰레기, 커피나 녹차 찌꺼기, 잡초, 애완동물 배설물 등은 생분해가 가능하며 환경친화적인 훌륭한 자원이다. 이것을 재활용하여 가정에서 직접 퇴비를 만들어보자.

또한, 가정에서 나오는 쓰레기에는 음식물쓰레기 외에 담배꽁초나 깨진 그릇, 컵 조각 등이 섞여 있는 경우가 많으므로, 절대로 이런 것들을 그냥 둔 채로 퇴비를 만들면 안 된다. 우선 악취 없이 매일 처리할 수 있으며, 새들 때문에 지저분해지는 것을 막아주는 음식물쓰레기 처리기(컴포스터, 뚜껑 달린 플라스틱 용기)를 준비한다. 30ℓ 정도의 플라스틱 양동이도 괜찮다. 가득 찰 때까지 흙과 쓰레기를 번갈아 쌓은 후 1~2개월 지나면 가정에서 만든 훌륭한 퇴비가 완성된다.

음식물쓰레기 처리기(컴포스터) 바닥을 약 10㎝ 흙 속에 묻은 후 음식물쓰레기 등을 넣고 같은 양의 흙으로 덮는다.

컴포스터 속이 가득 찰 때까지 음식물쓰레기와 흙을 층층이 쌓는다. 음식물쓰레기의 수분이나 냄새가 흙에 흡착되어 악취를 막는다. 흙 외에 냄새를 흡착시키는 것으로, 버미큘라이트·펄라이트·규산백토(소프트실리카) 등의 토양개량제를 넣어도 효과가 크다.

가득 차면 모종삽으로 위아래를 골고루 섞은 후 더 썩힌다.

위아래를 뒤집고 1~2개월이 지나서 뚜껑을 열었을 때 냄새가 안 나면 '친환경적인 음식물쓰레기 퇴비'가 완성된 것이다.

✱ 주의 : 덜 썩은 퇴비를 주면 흙 속에서 가스가 발생하여 뿌리가 상하고 쉽게 병해충이 생기므로 완전히 썩을 때까지 기다린다. 직접 만든 음식물쓰레기 퇴비도 판매하는 퇴비와 마찬가지로 확신을 갖고 사용하자.

수확

🌸 열매채소

열매채소류의 수확은 가장 큰 기쁨 중의 하나. 수확한 채소를 먹는 즐거움은 노력의 결정이라고 할 수 있다. 채소마다 수확 적기가 있으므로 주의한다.

어릴 때 수확하는 종류에는, 가지·피망(초록색)·오이·여주·꼬투리완두·꼬투리강낭콩·옥수수·오크라 등이 있다. 오이나 오크라는 꽃이 피고 약 7일이면 수확한다. 조금이라도 수확이 늦어지면, 오이가 수세미처럼 커지고, 오크라는 딱딱해져서 품질이 떨어진다.

그 밖의 종류도 열매 속 씨앗이 덜 익었을 때 수확한다. 가지의 경우, 늦어지면 윤기가 없고 딱딱해져서 맛이 없다.

토마토·호박 등은 익은 다음에 수확하는 종류로, 열매 속 씨앗이 여물었을 때가 수확의 최적기이며 달콤한 맛이 난다.

🌸 뿌리채소

무·당근·순무 등의 곧은뿌리류와 감자·고구마·토란 등의 감자류로 나눌 수 있다. 곧은뿌리류는 종류마다 수확 적기가 있다. 적기를 놓치면 노화현상으로 바람이 들어 품질이 크게 떨어지므로 주의한다. 예를 들어, 무의 조생종은 55일, 만생종은 90일, 당근은 100일, 순무는 45일이면 수확한다. 특히 많은 양을 재배한 경우에는 모두 한꺼번에 수확기를 맞게 되므로, 약간 어릴 때 수확하기 시작하는 것이 좋다.

감자류에서 감자는 잎줄기가 누렇게 되었을 때, 고구마·토란은 서리가 내리기 전이 수확 적기다. 수확 후 신선도를 유지하려면, 맑은 날이 2~3일 계속되는 좋은 날씨를 택하여 수확한다. 비가 오는 날 수확하면 썩기 쉽다.

🌸 잎채소

말 그대로 잎을 수확하는 종류가 대부분이지만, 그밖에 브로콜리처럼 꽃봉오리를 수확하는 것, 아스파라거스나 콜라비처럼 줄기를 수확하는 것, 식용국화나 아티초크처럼 꽃을 수확하는 종류들도 포함된다.

잎을 수확하는 것으로 결구된 잎을 이용하는 양배추류나 양상추 등은 결구된 부분을 눌러보아 단단한 것부터 차례로 수확한다. 양파도 결구를 이용하는데, 이것은 잎줄기가 70~80% 기울어졌을 때가 적기다.

결구하지 않는 잎채소류는 수확 적기의 크기가 맞으나 먹기 좋은 정도 등의 품질과 밀접한 관련이 있으므로, 소송채·시금치 등은 키가 20~25cm일 때 수확한다. 그 이상 자라면 섬유질이 많아져서 맛이 떨어지므로 주의한다.

● 양상추류의 수확 ●

1. 잎의 일부를 따서 수확

2. 포기째 수확

3. 수확해서 바로 먹지 않을 경우에는 비닐봉투에 넣어서 냉장고의 야채실 등에 보관한다

채소정원을 . 만들자

- 컨테이너 . 재배방법
- 추천할만한 . 컨테이너

컨테이너 재배방법

🌸 컨테이너 가든 추천

'채소정원을 만들고 싶지만 정원이 좁아서', 또는 '아파트에 살기 때문에'라고 말하는 사람들도 컨테이너 가든이라면 괜찮다. 들어서 옮길 수 있고, 어디에나 장식할 수 있다는 것이 장점이다. 현관 입구 통로에는 생기 있는 적근대 화분을 진열하여 손님을 맞이하고, 현관 앞에는 채소와 꽃·허브 등을 모아심기하여 눈을 즐겁게 한다. 베란다에서는 시금치·소송채·파슬리·래디시·적축면상추(써니양상추)·바질·민트 등의 채소나 허브를 재배하여 식탁에서 계절을 충분히 느끼게 하며, 아이들과 함께 방울토마토·오이·딸기 등을 재배하여 신선한 맛을 즐긴다.

단 1개의 플랜터로도 채소정원의 매력을 충분히 느낄 수 있다. 플랜터에 심어진 채소는 보는 것만으로도 충분히 즐겁지만, 더 나아가 수확으로 이어져 지금까지의 수고가 보상되고 감동까지 느낄 수 있다. 이제 컨테이너 재배로 채소의 맛과 놀라운 생명력을 느껴보자.

직접 만든 화분들. 낡은 장화를 이용한 모아심기. 화분 크기를 달리 하면 효과적이다

🌸 컨테이너 재배의 설계

컨테이너를 두는 장소는 베란다, 정원, 옥상, 현관 앞 등 햇빛이 잘 드는 곳이면 어디든 상관없다. 중요한 것은 어떤 디자인(설계)과 주제로 재배하느냐의 문제이다.

≫ 화분 1개에 채소 1종류를 심자

기본적인 재배법. 초보자는 씨뿌리기, 옮겨심기부터 수확까지 일련의 작업을 경험하기 위해 여러 종류의 채소를 화분 1개에 1종류씩 재배해보자. 이런 화분들을 아름답게 배치하는 것도 하나의 방법이다.

적축면상추(써니양상추)와 파슬리·딸기·백묘국(설국). 진열 방법을 잘 생각하여 마치 모아심기한 듯이 꾸민다

포인트는 재배하는 채소의 잎색이다. 적축면상추·다크오팔바질 등 붉은 빛 계통의 채소와 허브, 또는 청경채·쑥갓 등 잎 모양이 독특한 종류, 시금치 등 실용적인 종류 등을 5~6종 재배하여, 색을 고려해서 배열하기만 해도 멋있는 정원이 된다.

채소정원을 만들자
컨테이너 재배방법

❱❱ 모아심기의 아름다움을 즐기자

조금 욕심을 더 내서 하나의 화분에 여러 종류의 채소·허브 등을 모아심기하는 것도 다채로워서 좋다. 단, 재료로 쓰인 식물의 키와 색, 조화를 생각해야 하므로 약간 상급자 수준이라고 할 수 있다. 컨테이너는 직사각형·정사각형·원형 등 어떤 형태라도 괜찮다. 포인트는 입체감. 키 큰 식물을 한가운데에 둘지, 또는 뒤쪽에 둘지, 같은 식물을 심어도 위치에 따라 이미지가 달라진다. 예를 들어 화분의 앞줄에는 딸기나 왜성 방울토마토(관상용)를 심고, 그 옆에 점무늬 파인애플민트와 적축면상추(써니양상추), 뒤쪽에는 꽃이 핀 라벤더를 높이와 은색 잎이 두드러져 보이게 섞어 심는다.

방울토마토를 지주에 감아올려서 크게 키운 화분. 아래에는 키가 작은 종류를 심는다

🌸 컨테이너 재배 순서

❱❱ 물빠짐과 통기성이 좋은 배양토를 사용하자

텃밭 또는 정원 재배와 컨테이너 재배의 차이점은 흙의 양을 제한하느냐 아니냐는 것이다. 따라서 화분재배에서 가장 주의해야 할 것은 사용하는 배양토의 물빠짐과 통기성이다. 좋은 흙이 중요한 것은 컨테이너 재배도 마찬가지다.

컨테이너에 씨뿌리기

- 준비한 화분 바닥에 구멍이 있는 경우에는 화분바닥용 그물망을 깐다
- 바닥이 보이지 않을 정도로 화분용 자갈(경석, 발포 스티로폼도 괜찮다)을 깐다
- 배양토를 화분 높이 1~2cm만 남기고 가득 채워 넣는다
- 표면을 평평하게 고르고 파종고랑을 1줄 내지 2줄을 만든다
- 시금치나 소송채 등은 1cm 간격으로 씨를 뿌린다
- 흙을 덮고 물을 충분히 준다. 발아할 때까지 건조하지 않게 주의한다

🌸 모종 옮겨심기

배양토를 넣는 과정까지는 p.47의 '컨테이너에 씨뿌리기' ①~②의 순서와 같다.

옮겨심기의 포인트

딸기 덩굴을 자른 반대쪽에서 꽃이 핀다. 열매가 수확하기 편리한 쪽을 향하도록 덩굴의 자른 부분을 안쪽으로 심는다.

토마토 줄기를 따라 일정한 방향으로 열매가 달리므로, 첫 번째 꽃이 앞을 향하게 심는다.

적축면상추(써니양상추) 일반 화분에 포기간격 약 25cm로 2~3개 심는다. 심은 후에 물을 흠뻑 준다.

🌸 비닐봉투에 감자 심기

속이 약간 깊은 컨테이너나 비닐봉투(비료나 배양토가 들어 있던 빈 봉투)를 이용하여 감자나 토란을 재배할 때에는 처음 넣는 흙의 양을 화분이나 봉투 높이의 반까지 넣는 것이 중요한 포인트이다. 씨감자는 구덩이를 파고 순이 나와 있는 방향을 위로 하여(자른 부분이 밑으로) 심는다. 흙은 4~5cm 두께로 덮으며, 심은 후에 물을 충분히 준다. 감자류는 밭에서도 포기 밑동에 흙을 모아 쌓아주면서 기른다. 나머지 흙을 2~3회로 나누어 넣고 감자가 생길 여유 공간을 만든다.

비닐봉투에 심는 경우

배양토를 반쯤 넣고 입구를 접어둔다. 비닐봉투 아래의 좌우 끝을 가위로 잘라서 물이 잘 빠지게 한다.

깊이 10cm의 구멍을 파고 씨감자를 심는다.

흙을 4~5cm로 덮고 물을 충분히 준다.

심은 후 20일 정도면 싹이 나온다. 키가 10~15cm일 때 튼튼한 모종 1포기만 남긴다.

채소정원을 만들자
컨테이너 재배방법

🌸 컨테이너 재배를 잘하는 중요 포인트

›› 물주기와 웃거름

컨테이너 재배에서 중요한 포인트는 물주기와 웃거름이다. 특히 물주기의 경우에는 '발아한 싹이 예쁘다고 물을 매일 3번씩 주었더니 오히려 생육이 나빠졌다'는 얘기를 자주 듣는다. 물을 너무 많이 주면 뿌리가 썩기 때문이다.

재배에서 물주기가 중요하지만, 너무 지나치면 흙 속의 공기가 밀려나서 산소 부족이 된다. 물주기의 포인트는 '흙 표면이 말랐을 때 물을 흠뻑 주고, 다시 마를 때까지 주지 않는다'는 것이다.

웃거름은 포기 아래에 화성비료를 흩뿌려 주는 방법과 액체비료를 주는 방법이 있다. 두 가지 모두 채소의 생육상태를 보면서 알맞게 준다.

›› 적기에 재배하자

채소는 종류에 따라 그 특징을 살린 파종시기(이식시기)가 있다. 즉, 더위에 강한 종류, 추위에 강한 종류 등 각각의 특징을 살려서 재배시기가 정해진다.

예를 들어, 양상추류는 여름 더위에 약하므로 봄 재배나 가을 재배에 알맞다. 시금치는 추위에 강해서 겨울에도 잘 자라지만, 여름철의 고온장일(高溫長日) 조건에서는 꽃대가 생기므로 6~8월 재배가 곤란하다.

또한, 토마토나 가지 등은 서리에 약하기 때문에 10℃ 이하의 저온에서는 생육이 안 된다. 따라서 4월 하순~5월 상순에 심는다.

🌸 컨테이너 재배에 알맞은 채소

우리나라에서 재배되는 채소 종류가 약 150종인데, 이들 모두 컨테이너 재배가 가능한 것은 아니다.

컨테이너 재배에 알맞은 종류를 재배 난이도와 컨테이너 크기 등을 비교하여 소개한다.

초보자(비교적 간단하고, 표준 화분에서 재배 가능)

잎채소류	시금치 · 소송채 · 쑥갓 · 청경채 · 다채 · 경채 · 적근대 · 파슬리 · 적축면상추(써니양상추) · 샐러드채 등
뿌리채소류	래디시 · 작은순무 · 비트 · 미니당근 등
열매채소류	딸기 · 꼬투리완두 · (덩굴 없는)강낭콩 등

중·상급자(대형 화분, 속이 깊은 화분을 사용)

잎채소류	양상추 · 양배추 · 배추 · 양파 · 브로콜리 등 결구하거나 재배기간이 긴 종류
뿌리채소류	무 · 감자 · 고구마 등
열매채소류	토마토 · 방울토마토 · 오이 · 가지 · 피망 · 고추 · 수박 · 멜론 · 강낭콩 · 풋콩 · 여주 등

추천할만한 컨테이너

샐러드 화분. 잎의 다양한 색이 포인트이다.

상추류를 모아심기한 샐러드 화분

여러 종류의 상추 씨앗을 섞어서 화분에 뿌리고, 솎으면서 포기간격을 20㎝로 기르면 60일 정도 지나 아름다운 샐러드 정원이 탄생한다.

적축면상추(써니양상추) 계통의 붉은 빛과 잎상추 계통의 연초록색의 대비가 아름답다. 그대로 바로 잎을 따서 샐러드를 만들어 먹어보자.

딸기와 봄 채소 화분

큰 직사각형 컨테이너를 6등분하여, 앞줄 중앙에 딸기를 2포기 심고, 그 좌우에 래디시·청경채, 뒤쪽에 시금치·적근대·쑥갓을 심은 봄 채소정원은 부드러운 봄바람을 몰고 온다. 물론 팬지나 노스폴 등의 화초와 함께 모아심기하면 한층 더 돋보인다.

딸기와 봄 채소 화분. 크게 자라는 종류를 뒤쪽에 심고, 딸기 등 늘어지는 종류를 앞쪽에 두는 것이 포인트.

큰 나무통을 이용한 방울토마토와 허브 모아심기

토마토나 방울토마토·가지 등의 열매채소류는 재배기간이 길기 때문에 크고 속이 깊은 화분이 필요하다. 나무통은 운치도 있어서 채소정원의 화분으로 인기 만점. 방울토마토를 중심에 심고 그 주변에 바질·파슬리·펜넬·나스터츔·마리골드 등을 심으면, 화려하고 멋있는 방울토마토 정원이 완성된다. 새빨갛게 익은 방울토마토는 당도도 높아서 아이들에게 인기가 많다.

큰 나무통을 이용한 방울토마토·허브 모아심기. 방울토마토는 크게 자라므로 되도록 큰 화분을 사용한다.

계절별.채소와.화초

- 봄정원.채소
- 여름정원.채소
- 가을정원.채소
- 겨울정원.채소
- 허브
- 식용꽃

계절별 채소

봄 정원 채소
Spring Garden

● 봄에는 열매채소의 종류가 비교적 적어서 아쉽다. 그러므로 새빨갛게 익는 딸기는 필수적이다. 여기에 재미있는 모양의 콩류를 잘 조화시켜서 디자인해보자.

옮겨 심을 때 기온이 그다지 높지 않으므로 비교적 추위에 강한 채소를 심는다. 열매채소에는 해묵이(숙근성)의 딸기, 지난해에 씨를 뿌린 완두·누에콩 등이 있다. 잎채소에는 양상추류·시금치·소송채·아티초크·청경채·수채(경수채)·양배추·다채·쑥갓·브로콜리, 뿌리채소에는 래디시·작은 순무·감자 등이 좋다.

열매채소류

딸기 _{장미과}
재배법 p.74
왼쪽·산딸기 아래·딸기

완두 _{콩과}
재배법 p.104
왼쪽·완두꽃 위·스냅완두(스낵완두) 오른쪽·꼬투리완두

memo
봄철 채소정원은 늦서리에 주의한다. 포기 밑동에 부엽토를 깔아주어서 서리를 막아야 한다.

● 봄에는 잎채소가 모두 나온다. 초록뿐만 아니라 다양한 색의 잎채소를 잘 조화시켜보자. 포기 간격을 조금 좁혀서 심으면 융단을 깔아놓은 듯하다.

잎채소류

아티초크 국화과
재배법 p.90
오른쪽 · 아티초크

청경채 배추과
재배법 p.110
왼쪽 · 청경채

다채 배추과
아래 · 다채

계절별 채소 | 봄정원 채소 |
Spring Garden

● 잎채소는 포기째 수확할 뿐만 아니라 생육에 맞춰 조금씩 따서 수확할 수도 있다. 이것은 하나의 식물을 오래 즐길 수 있다는 것이 장점이다.

잎채소류

쑥갓 배추과
왼쪽 • 쑥갓

양배추 배추과
재배법 p.92
위 • 양배추 아래 • 적양배추

소송채 배추과
재배법 p.84
위 • 소송채

memo
봄이 한창이면 잎에 병해충이 잘 생긴다. 피해가 커지지 않도록 빨리 대책을 세운다.

계절별 채소

여름 정원 채소
Summer Garden

● 여름철 채소정원은 열매채소가 중심이다. 친숙한 토마토·오이·가지 등의 열매 색을 고려하여 정원을 디자인한다. 같은 종류를 여러 포기 심는 것은 피한다.

더위에 강한 채소 중심으로 심는다. 열매채소는 가지·오이·토마토·방울토마토·피망·주키니호박·오크라·옥수수·여주 등, 잎채소는 모로헤이야·차조기·근대·삼칠초·번행초·공심채·수송나물 등이 좋다. 햇빛이 잘 들지 않는 곳이면 양하 등도 괜찮다.

열매채소류

토마토 가지과
재배법 p.114
아래·토마토 오른쪽·방울토마토

옥수수 벼과
재배법 p.102
아래·옥수수

오이 박과
재배법 p.98
왼쪽·오이꽃 아래·오이

계절별 채소 | 여름 정원 채소 |
Summer Garden

● 열매채소류는 열매뿐만 아니라 꽃에도 주목한다. 채소의 꽃 중에서 가장 아름답다는 오크라도 채소정원에 심었으면 한다.

열매채소류

가지 가지과
재배법 p.68
위 • 크고 둥근 가지
오른쪽 위 • 중형 가지
가운데 • 원형 가지
오른쪽 • 가지꽃

memo
한창일 때에는 열매가 많이 달리기 때문에 수확이 늦어지는 경향이 있다. 조기 수확하여 여름의 맛을 만끽하자.

오크라 아욱과
재배법 p.100
위 • 오크라꽃
오른쪽 • 오크라

● 여름은 잎채소가 적은 계절이다. 이 때 잎채소를 보충할만한 것이 모로헤이야이다. 더위에 강해서 튼튼하게 잘 자란다. 비타민 채소가 적은 계절에 꼭 필요하다.

피망 가지과
재배법 p.120
아래 · 피망
오른쪽 위 · 바나나피망
오른쪽 아래 · 노란피망

여주 박과
재배법 p.96
오른쪽 · 여주

잎채소류

수송나물 명아주과
왼쪽 · 수송나물

모로헤이야 참피나무과
왼쪽 · 모로헤이야

계절별 채소

가을정원 채소
Autumn Garden

● 식욕이 왕성한 계절. 채소정원의 '먹는 즐거움'이 더욱 커진다. 여름에 비해 종류는 적지만, 가을 하늘에 잘 어울리는 다양한 색의 채소를 즐길 수 있다.

불타는 듯한 고추의 붉은빛, 말라바시금치의 분홍 꽃과 보랏빛 열매, 메밀의 하얀 꽃, 염교의 보라 꽃 등, 꽃과 열매의 아름다운 색을 즐기고 싶은 계절이다. 가을에 수확하는 토란을 정원의 뒤쪽이나 화분에 심어서 관엽식물처럼 감상하자. 감자의 가을재배도 가능하다. 그밖에 시금치·소송채·쑥갓·래디시·수채·엔다이브·트레비소·양상추류·적근대·작은순무·비트·콜라비·브로콜리·무 등 다양한 채소를 즐길 수 있다.

잎채소류

적근대 명아주과
재배법 p.108
오른쪽·적근대

열매채소류

고추 가지과
아래·오색고추

뿌리채소류

래디시 배추과
재배법 p.76

왼쪽·래디시
가운데·래디시
위·래디시

● 뿌리채소의 매력은 무엇보다도 '수확의 기쁨'이다. 결실의 계절인 가을에 잘 어울리는 채소이다. 화려한 뿌리채소를 선택하면 수확할 때 놀라움과 즐거움이 더 커진다.

비트 명아주과
재배법 p.80
아래·비트

생강 생강과
재배법 p.82
위·생강

memo
뿌리채소를 수확할 때에는 뿌리에 상처가 나지 않도록 주의한다. 면장갑을 끼고 손으로 조심스럽게 파낸다.

감자 가지과
재배법 p.70
위·감자의 지상부
오른쪽·감자

계절별 채소 | 가을정원 채소 |
Autumn Garden

● 뿌리채소는 수확의 즐거움 외에 땅 위의 잎을 감상하는 즐거움도 있다. 정원의 토란이나 생강은 마치 관엽식물 같아서 정원 채소로서의 역할을 톡톡히 해낸다.

뿌리채소류

순무 배추과
재배법 p.86
왼쪽·순무 아래·순무

토란 천남성과
재배법 p.112
왼쪽·토란 아래·토란잎

memo
뿌리채소는 수확 적기를 놓치는 경향이 있다. 수확시기가 되면 흙 속을 잘 살펴서 생육상태를 확인하자.

계절별 채소

겨울정원 채소
Winter Garden

● 일반적인 화초정원은 겨울에 가장 쓸쓸해지지만, 채소정원은 잎이 중심이므로 푸르름을 계속 유지한다. 파 종류는 국이나 찌개용으로 꼭 심고 싶은 채소이다.

내한성이 강한 채소는 시금치·양배추류·겨자류·다채·홍채태·파·양파·무·완두·누에콩·엔다이브·적축면상추(써니양상추) 등이다. 겨울철의 채소정원은 주로 잎채소류를 중심으로 하며, 잎의 색이나 모양, 식물의 생김새 등을 적절히 조화시키는 것이 설계 요령이다.

잎채소류

시금치 명아주과
재배법 p.88
오른쪽·시금치

파슬리 미나리과
재배법 p.118
아래·파슬리

파 백합과
재배법 p.116
왼쪽·쪽파 아래·구조파

계절별 채소 | 겨울 정원 채소 |
Winter Garden

● 겨울철 채소정원은 봄까지 잎채소가 중심이 된다. 그러므로 모양이나 색의 변화를 즐겨보자. 높이를 연출하기 위해서 파 종류는 꼭 필요하다.

잎채소류

양상추  국화과
재배법 p.94
아래 • 상추류 혼합
가운데 • 양상추
오른쪽 • 적축면상추

뿌리채소류

당근 미나리과
재배법 p.72
왼쪽 • 당근 아래 • 당근

● 겨울에도 몇 종류의 뿌리채소를 재배할 수 있다. 내한성 채소를 선택하는 것이 포인트. 기르기 쉬운 잎채소뿐만 아니라 뿌리채소도 함께 재배하면 수확의 기쁨이 커진다.

무 배추과
재배법 p.78
왼쪽・무 오른쪽・무

우엉 국화과
재배법 p.106
왼쪽 위・굴천우엉
오른쪽 위・샐러드우엉
왼쪽・우엉

memo
겨울은 병해충이 적어서 좋지만, 그렇다고 병해충이 전혀 없는 것은 아니다. 추워서 밖에 나가기 귀찮지만 정원을 돌아보며 살피는 것을 게을리 하지 말자.

허브
Herb Garden

● 허브는 채소정원에 없어서는 안 될 종류이다. 종류도 많고 각각의 모양과 높이, 생육 특성도 다양해서 정원에 변화를 줄 수 있다.

봄에는 캐모마일·민트류·타임류·히솝·펜넬·차이브·라벤더·산톨리나·세이지·로즈마리 등을, 여름에는 여러 요리에 사랑받는 바질과 헬리오트로프·탄지·맬로 등을 정원과 식탁에서 즐긴다.

가을에는 봄처럼 세이지·라벤더·로즈마리 등의 작은 떨기나무류, 오레가노·민트류·타임류 등의 숙근초가 잘 자란다. 펜넬·캐모마일 등도 좋다. 겨울에는 로즈마리·라벤더 등이 추위에 강하다. 화분에 심은 로즈마리로 토피어리를 만들고 모아심기하면 정원이 한층 더 사랑스러워진다.

스위트마조람 꿀풀과

탄지 국화과

바질 꿀풀과

세이지 꿀풀과

산딸기 장미과

히솝 꿀풀과

라벤더 꿀풀과

레터스리프바질 꿀풀과

파인애플민트 꿀풀과

보리지 지치과

● 허브의 가장 큰 매력은 향기다. 만지기만 해도 향이 퍼지므로 관리하거나 수확할 때 향기를 즐길 수 있다. 또한 가녀린 꽃도 매력적이다.

페퍼민트 꿀풀과 로즈마리 꿀풀과 헬리오트로프 지치과 커리플랜트 국화과 캐모마일 국화과

memo
허브는 왕성하게 자라는 것이 많아서 너무 자라 다른 채소를 밀어내고 무성해진다. 그러므로 모종의 수를 잘 생각해서 심는다.

레몬밤 꿀풀과 퍼플딜라이트바질 꿀풀과 블루샐비어 꿀풀과 숙근 버베나 마편초과

타임 꿀풀과 프렌치라벤더 꿀풀과 산톨리나 국화과 맬로 아욱과 페넬 미나리과

식용꽃
edible flower

● 식용꽃은 채소정원에 색감을 더해서 화려하게 꾸미는 종류이다. 이용 방법은 다양한 색의 화초로 정원 곳곳에 포인트를 주는 것이다.

겉모습도 아름답고 먹을 수도 있는 식용꽃(먹을 수 있는 화초). 채소정원에 심으면 그 가녀린 모습이 채소의 매력을 한층 더 돋보이게 한다. 여기에 소개한 것 외에도 먹을 수 있는 화초는 아주 많다. 다른 식용꽃들에 대해서도 꼭 알아보자.

제비꽃 제비꽃과

홍채태 배추과

memo
모든 화초를 먹을 수 있는 것은 아니다. 원예점 등에서 식용꽃으로 판매하는 것을 이용하자.

콜리플라워 배추과

팬지 제비꽃과

나스터츔 한련과

수레국화 국화과

식용국화 국화과

장미 장미과

차이브 백합과

헤메로칼리스 백합과

채소별. 재배방법

Vegetable Garden

가지
감당
딸기
래디쉬
비트
생강
소송채

지자근
기시
디무
트강채

순시
시금치
아티초크
양배추 · 적양배추
양상추 · 적축면상추
여주
오이
오크라
옥수수

무치

완우
적근
청경채
토란
토마토 · 방울토마토
파(쪽파 · 잎파)
파슬리
피망

두엉대

■ 허브 재배방법

채소별 재배방법
Eggplant

가지과
가지

1천 년 이상의 오랜 재배 역사를 지닌, 나물·볶음·튀김 등 다양한 방법으로 요리할 수 있는 매우 친숙한 채소이다. 주요 재배품종으로 흑진주·쇠뿔가지·신흑산호·가락장가지 등이 있으며, 일본 수출용으로 재배되는 길고 둥근 모양의 천양·천양2호, 길지만 재래종보다는 짧은 흑양·축양 등도 있다. 수확기간이 길어 가정 텃밭에서 토마토·오이 못지않게 많이 재배한다. 높이 60~100cm로 자라기 때문에 정원 가운데에 심는 것이 좋다. 꽃이 진보라색으로 아름답고, 줄기와 열매의 짙은 남빛도 매우 세련되었다.

 4월 중순 — 흙 만들기
 5월 하순 — 지주 세우기
 5월 하순~9월 하순(2주 간격) — 웃거름
 4월 하순~5월 하순 — 옮겨 심기
 6월 중순~10월 중순 — 수확

준비

6~10월까지 장기간에 걸쳐 수확할 수 있는 채소이다. 5월경, 늦서리 걱정이 없을 때 심을 수 있도록 흙을 만들고 모종을 준비한다.

● 흙 만들기

햇빛이 잘 드는 곳을 좋아하며 건조에 약하므로, 수분이 많고 푹신푹신한 흙이 알맞다. 퇴비 등 유기물을 많이 넣어서 흙을 부드럽게 만든다.

① 옮겨심기 2주 전

1m²당 고토석회 150~200g을 밭 전체에 뿌린 후 30~40cm 깊이로 간다.

② 옮겨심기 1주 전

1m²당 퇴비 4kg, 화성비료 150g, 용성인비 60g을 뿌리고 잘 섞어주면서 간다. 이어짓기 장해가 일어나기 쉬운 채소이므로 약 5년 간격으로 땅을 쉬게 한다.

● 모종 구입

가지는 씨를 뿌리고 나서 옮겨심기에 알맞은 모종으로 성장하기까지 75~80일이 걸리고, 발아 적정온도도 28~30℃로 고온이다. 따라서 가정에서는 일반적으로 원예점 등에서 모종을 구입하여 심는다.

모종은 마디 사이가 짧고 줄기가 굵은 것을 고른다. 잎은 색이 짙은 것이 좋다. 영양분이 부족하고 연약한 모종은 생육이 나쁘므로 피한다. 내병성이 있는 바탕나무(적가지 등)에 접붙인 모종은 조금 비싸긴 하지만 이어짓기 장해에 강하고 생육도 왕성하다.

옮겨심기

두둑간격 60cm, 포기간격 60cm로 한다. 옮겨 심은 후에는 길이 50cm의 임시지주로 유인한다.

재배관리

● 나무모양 만들기

자라면서 나뭇가지가 얽힐 수 있으므로 곁눈을 따서 가지고르기를 한다. 즉, 원가지와 첫 번째 핀 꽃 아래에 있는 2개의 튼튼한 곁눈을 남기고 나머지 곁눈은 따서 3줄기로 만든다.

※ 꽃수술로 생육 상태를 판단

수술보다 암술이 긴 꽃, 암술과 수술 길이가 같은 꽃, 암술보다 수술이 긴 꽃으로 나뉜다. 가장 좋은 것은 수술보다 암술이 긴 것이고, 다음이 암술과 수술이 같은 것이며, 암술보다 수술이 긴 것은 영양 불량으로 잘 자라지 않는다.

열매채소 **Egg Plant**

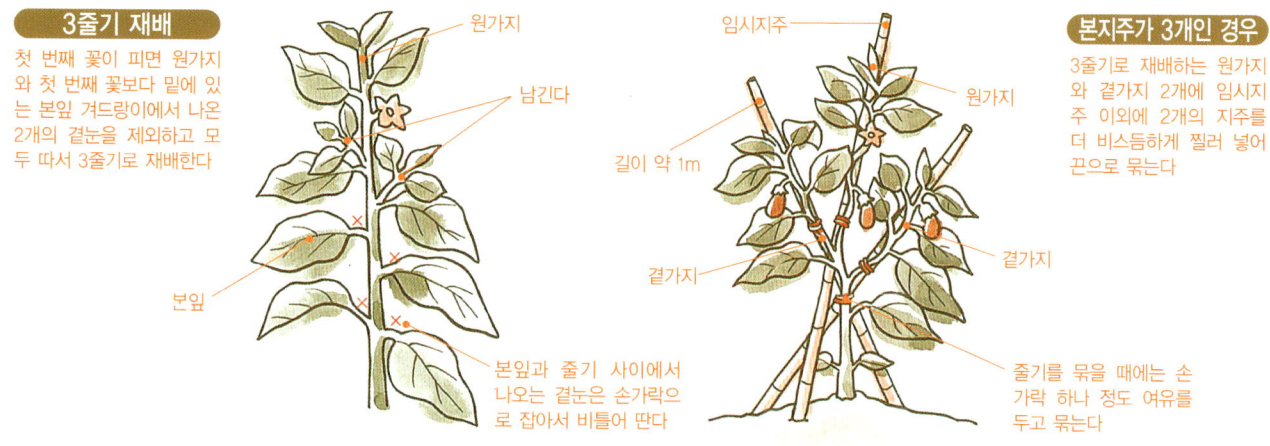

● **웃거름**

수확을 시작하면 2주에 1회, 1㎡당 화성비료 30g을 밑동에 뿌리고 가볍게 흙을 북주기한다.

● **고침다듬질**

7월 하순경이면 수확량도 늘지만, 동시에 나뭇가지가 서로 얽혀서 햇빛이 잘 들지 않으므로 열매의 품질이 떨어진다. 따라서 이 때부터 8월 상순 사이에 전체의 1/3~1/2을 잘라 고침다듬질을 한다. 새 가지에서 좋은 열매를 수확할 수 있다.

● **병해충 대책**

진딧물·도둑벌레에는 말라티온이나 DDVP 1000배액, 잎응애에는 테디온 수화제 1000배액을 뿌린다. 또한 진딧물은 매일 저녁 잎에 물을 흠뻑 주는 것으로도 효과적이다. 흰가루병에는 지노멘 수화제 2500배액, 갈색무늬병에는 타로닐 수화제 600배액을 뿌린다.

 수확

꽃이 피고 20~25일이 지나 덜 익은 열매를 수확한다. 익으면 씨앗이 딱딱해지고 육질도 떨어지므로, 중간 크기의 품종은 10~15㎝일 때 수확한다.

수확 후에는 증산작용 때문에 열매가 빨리 시들므로 신선할 때 먹는다.

가지과

감자

카레라이스, 감자탕, 크로켓 등의 재료로 아주 친숙한 채소이다. 품종으로는 1년에 한 번 심는 남작·수미·세풍 등, 봄·가을로 1년에 두 번 심는 대지·추백이 있다. 비타민C가 풍부하며, 대부분의 성분이 전분이지만 칼로리는 밥보다 낮고, 양질의 식이섬유를 함유하는 대표적인 건강채소이다. 20℃ 전후의 선선한 기후를 좋아하며 봄재배와 가을재배가 있다. 키가 60~80㎝이므로 정원에서는 중간 위치에 심는 것이 좋다. 연보라색과 하얀 꽃이 매우 아름답다. 가지과 채소이므로 이어짓기 장해에 주의한다. 속이 깊은 플랜터나 비닐봉투를 이용하여 재배할 수도 있다.

2월 — 흙 만들기: 2월~3월 상순 / 아주심기: 2월 하순~3월 중순 / 웃거름: 4월 / 웃거름: 5월 / 수확: 5월 하순~7월 상순

8월 — 흙 만들기: 8월 중순~하순 / 아주심기: 8월 하순~9월 상순 / 웃거름: 9월 하순 / 웃거름: 10월 중순 / 수확: 11월 하순~12월 상순

준비

● 흙 만들기

아주심기 2주 전에 밭 전체에 고토석회를 1㎡당 50~100g을 뿌리고 잘 간다. 감자는 pH 5.0~6.0의 알칼리성 흙을 좋아한다. 흙의 산도(pH)를 측정하여(p.29 참조) 5.0 이하이면 고토석회를 1㎡당 100g, 5.0~6.0이면 미량요소의 보급을 겸해서 50g을 뿌린다. 6.0 이상이면 뿌릴 필요가 없다.

● 씨감자 고르는 방법

바이러스병에 감염되지 않은 무병감자를 종묘상에서 구입한다. 슈퍼나 백화점에서 파는 식용 감자나 직접 기른 감자는 바이러스병에 걸렸을 위험이 있으므로 주의한다.

아주심기 1주 전에 크기에 따라 1조각이 30~40g이 되도록 자르고, 이 때 2~4개의 눈이 붙어 있도록 자른다. 자른 부분을 1주일 정도 그늘에서 말린다.

아주심기

2월 하순~3월 중순이 옮겨 심는 데 적기다. 순서는 다음과 같다.

① 두둑폭을 60~70㎝로 하고, 깊이 15㎝의 고랑을 만든다.
② 자른 면이 밑으로 향하도록 30㎝ 간격으로 씨감자를 놓는다.
③ 씨감자와 씨감자 사이에 모종삽 하나 정도의 퇴비와 화성비료 1움큼(약 30g)을 넣고, 흙을 7~8㎝ 덮는다.

감자의 지상부. 줄기와 잎이 누렇게 변하면 수확한다. 화분이나 비닐봉투 등을 이용한 재배도 가능하다

재배관리

● 솎아내기(눈따기)

아주심기 후 20~30일이 지나면 싹(눈)이 3~4개 나오는데, 10~15㎝가 되었을 때 튼튼한 것 1~2개만 남기고 나머지 눈은 따준다. 눈을 따주면 감자 하나하나가 크게 자란다.

● 웃거름

눈따기가 끝나면 웃거름으로 1㎡당 화성비료 30g을 주고

뿌리채소 **Potato**

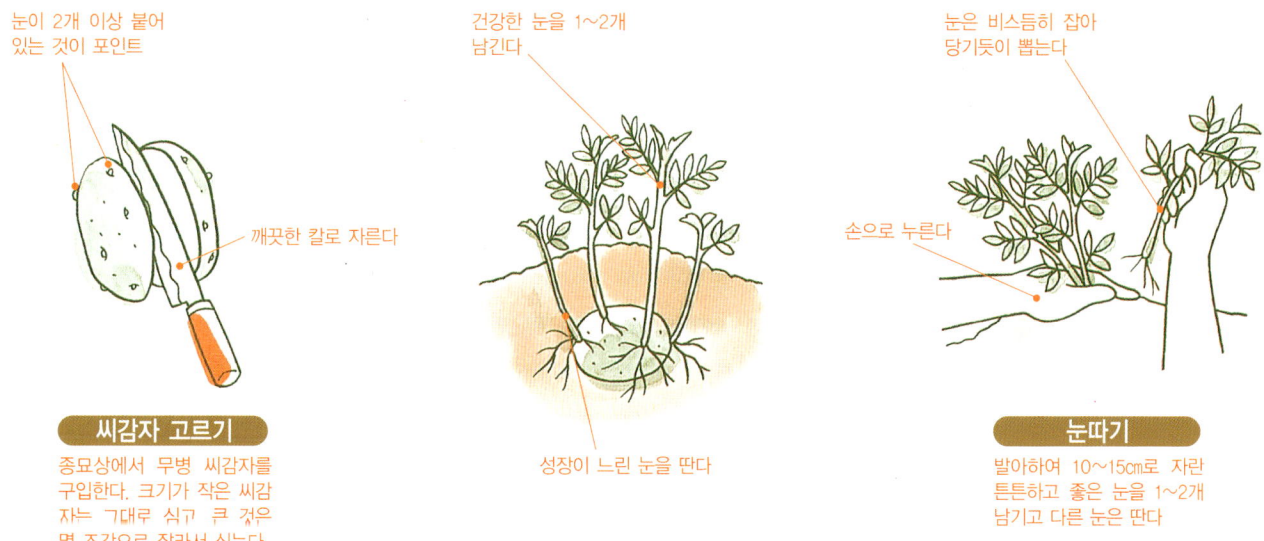

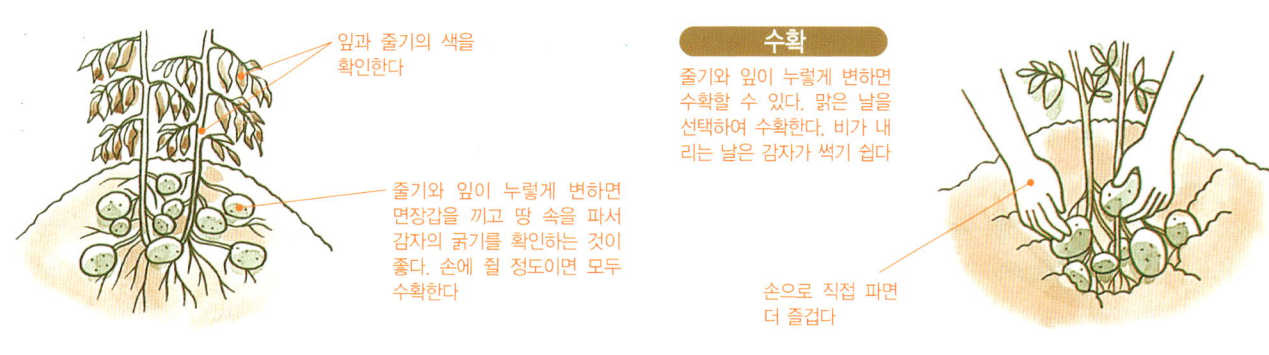

포기 밑동에 흙을 쌓아서 북주기한다. 2~3주 후에 같은 양의 화성비료를 웃거름으로 주고, 넉넉히 북주기를 한다.

● **병해충 대책**

점박이무당벌레는 잡아서 죽이거나 아세페이트 수화제 등을 뿌려서 방제한다. 장마가 계속되면 포기가 썩는 병이 발생하므로 폴리카바메이트 수화제 등으로 방제한다. 감자의 병해충은 가지과에 공통되므로, 다른 종류에 전염되지 않게 주의한다.

아주심기 후 얼마 안 되어 약 90일이 지나 단기간에 수확할 수 있으며, 잎과 줄기가 노래지기 시작하면 수확기다. 5월 하순부터 땅을 깊이 파서 조심스럽게 흙을 털어내고 큰 감자부터 차례로 수확한다. 흙은 맑은 날이 2~3일 계속될 때 파는 것이 가장 좋다. 비가 계속 올 때 수확하면 잘 썩으므로 주의한다.

작은 감자는 캐서 그대로 소금을 넣고 삶아 먹으면 아주 맛있다.

감자의 싹이나 착색 부분에는 솔라닌이라는 유독성 알칼로이드가 있기 때문에 주의해야 하는데, 열에 약하므로 보통 조리해서 먹을 때에는 괜찮다.

미나리과

당근

발암 예방 효과가 있는 카로틴(비타민A)이 많은 대표적인 녹황색 건강 채소이다. 품종은 크게 서양종[단근종(短根種), 길이 15~20㎝]과 동양종[장근종(長根種), 길이 60~70㎝]으로 나뉜다. 서양종이 재배하기 쉬우며, 채소정원에서는 약 70일이면 수확할 수 있는 미니당근이 좋다. 생육 적정온도는 15~20℃로 서늘한 기후를 좋아한다. 봄·가을이 생육 적기이지만, 온도로 보면 여름에 씨를 뿌려서 가을·겨울에 수확하는 것이 가장 재배하기 쉽다. 재배기간이 100~120일로 비교적 긴 편이며, 키가 30~40㎝로 낮기 때문에 정원의 앞쪽이나 가장자리에 심는 것이 좋다.

봄 파 종
- 3월 중순 — 흙 만들기
- 3월 하순~4월 상순 — 씨뿌리기
- 4월 하순 — 웃거름
- 6월 중순~7월 상순 — 수확

여름파종
- ~2월 상순 — 수확
- 6월 하순~7월 상순 — 흙 만들기
- 7월 상순~7월 하순 — 씨뿌리기
- 8월 중순 — 웃거름
- 10월 하순~ — 수확

준비

● 흙 만들기
씨뿌리기 2주 전에 고토석회를 1㎡당 약 150g을 뿌려서 잘 간다. 곧은뿌리 종류에서는 퇴비가 두 갈래 뿌리의 원인이 될 수 있다. 퇴비는 앞 작물을 재배할 때 충분히 넣는 것이 좋으며, 새로 넣을 경우에는 씨뿌리기 1주일 전까지 1㎡당 퇴비 2kg과 화성비료 100g을 뿌려서 깊이 간다.

● 씨뿌리기
당근은 뿌리가 곧게 자라는 곧은뿌리 채소이므로 밭에 씨를 직접 뿌려서 재배한다. 옮겨 심으면 두 갈래 뿌리가 된다. 씨뿌리기 직전에 물을 충분히 주거나, 또는 비가 내린 다음에 씨를 뿌리면 발아율이 높다.

1줄 또는 2줄로 씨를 뿌리고, 호광성(好光性) 씨앗이므로 흙을 얕게 덮는다. 흙을 덮고 흙 표면에 부엽토를 뿌리면 건조해지는 것을 막을 수 있어 발아가 잘 된다. 발아할 때까지 흙이 마르지 않도록 신경 써서 물을 주는 것이 중요하다.

봄 파종은 3월 하순에서 4월 상순, 여름 파종은 7월 중순에서 7월 하순까지 씨를 뿌린다. 8월에도 씨를 뿌릴 수 있지만 수확이 늦어진다.

재배관리

● 물주기
발아가 잘 안 되므로 발아할 때까지 마르지 않게 주의한다. 발아 후에는 흙 표면이 마르면 물을 듬뿍 준다.

● 솎아내기 · 사이갈이 · 웃거름 · 북주기
포기 사이를 본잎이 1장일 때 3㎝, 본잎이 2~3장일 때 5~6㎝, 본잎이 6~7장일 때 10~12㎝ 간격으로 솎는다. 솎아내기는 당근을 크게 자라게 하는 중요한 작업이므로 늦지 않게 한다.

솎은 후에는 1㎡당 화성비료 30g을 포기 밑동에 뿌리고 북주기를 한다. 당근은 초기 생육이 느려서 빨리 풀을 뽑지 않으면 잡초가 무성해지므로 주의한다.

● 병해충 대책
산호랑나비의 유충을 보면 잡아 죽이거나, DDVP 유제 1000배액으로 방제한다.

수확
땅에 닿은 부분의 뿌리 굵기가 약 4㎝가 되면 수확하기 시작한다.

뿌리채소 **Carrot**

씨뿌리기
줄간격 30cm로 줄뿌리기 한다. 흙은 얕게 덮고 물을 흠뻑 준다. 발아할 때까지 건조하지 않게 한다

솎아내기
본잎이 1장일 때 3cm, 본잎 2~3장일 때 5~6cm, 본잎이 6~7장일 때 10~12cm 간격으로 솎는다

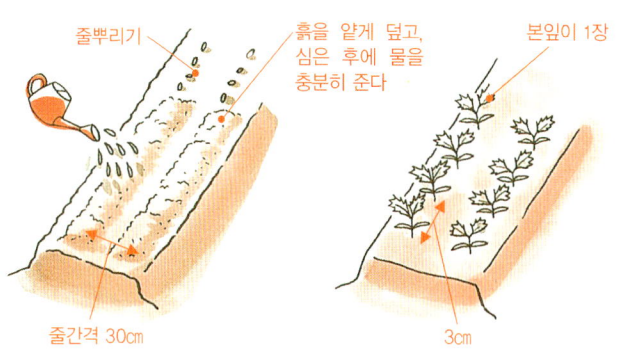
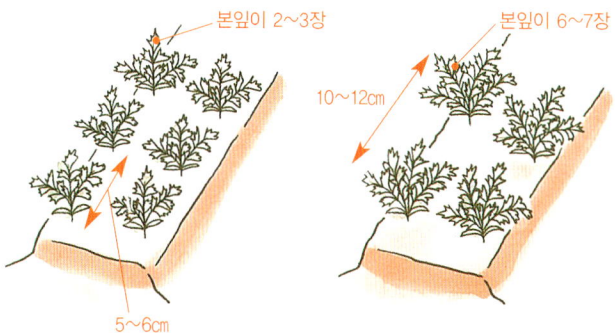

- 줄뿌리기
- 흙을 얕게 덮고, 심은 후에 물을 충분히 준다
- 본잎이 1장
- 본잎이 2~3장
- 본잎이 6~7장
- 10~12cm
- 줄간격 30cm
- 3cm
- 5~6cm

웃거름
2회째, 3회째 솎아내기를 한 후에 1㎡당 화성비료 30g을 줄 사이에 뿌리고 살짝 북주기를 한다

1㎡당 화성비료 30g

수확
땅에 닿은 부분의 뿌리 굵기가 약 4cm가 되면 차례로 수확한다

북주기

3촌당근
80~90일이면 수확

미니당근
70일이면 수확

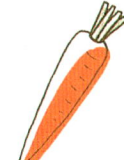
5촌당근
100~120일이면 수확할 수 있다

긴 뿌리 당근(장근종)과 짧은 뿌리 당근(단근종)

한마디 메모

당근의 원산지는 중앙아시아로, 여기에서 유럽과 아시아의 각 지역으로 전해졌다. 당근의 종류를 크게 나누면, 뿌리 길이가 15~20cm인 단근종(短根種, 서양종)과 50~60cm가 넘는 장근종(長根種, 동양종)이 있다. 장근종은 재배하기 어렵고 수확하기 힘들어서 재배 면적이 많이 줄었으며, 현재는 단근종 중심으로 재배한다.

장근종. 지금은 거의 볼 수 없다

제일 많이 기르는 단근종

장미과

딸기

장미과의 여러해살이풀. 뿌리를 얕게 뻗어서 건조에 약하지만, 생육 적정온도가 17~20℃로 서늘한 기후를 좋아한다. 추위에 강해서 눈 속에서도 월동한다. 주요 생산지는 온대~아한대 사이이며, 열대지역에서는 1,000m 이상의 고산지대에서 재배가 가능하다. 노지재배 품종으로는 보교조생·다나, 촉성재배 품종으로는 여봉·수홍·여홍·미홍 등이 있다. 가을~겨울의 저온 단일조건에서 꽃눈이 분화하며, 고온 장일조건에서 꽃이 피고 열매를 맺는다. 주로 기는줄기에서 나오는 자식포기로 영양번식한다. 키가 20~30cm로 낮기 때문에 정원의 가장자리나 앞줄에 심는 것이 좋다.

 웃거름 : 2월 하순~3월 상순·4월 중순

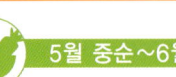 수확 : 5월 중순~6월 상순

 흙 만들기 : 10월 중순

 옮겨심기 : 10월 하순~11월 상순

준비

● 흙 만들기

딸기는 물빠짐이 좋아서 알맞은 수분과 통기성을 지닌 비옥한 토양, 그리고 햇빛이 잘 드는 곳을 좋아한다.

먼저 1㎡당 고토석회 100g을 뿌려서 가볍게 갈아주고, 다시 1㎡당 퇴비 약 3kg을 뿌려서 잘 섞는다. 다음에 1㎡당 화성비료 100g, 용성인비 30g을 전체에 뿌리고 흙과 잘 섞는다.

옮겨심기

10월 하순부터 11월 상순에 종묘상이나 원예점에서 모종을 구입하여 포기간격 30cm로 심는다.

옮겨 심을 때에 가장 주의해야 할 것은 깊이 심지 않는 것이다. 잎이 붙어 있는 뿌리(크라운)가 감춰질 정도로만 얕게 심는다.

두 번째로 심는 방향에 주의한다. 딸기는 꽃송이가 어미포기의 기는줄기(러너) 반대쪽에서 나온다. 수확하기 편하게 꽃송이가 통로 쪽을 향하게 하거나, 햇빛이 잘 드는 방향으로 자라게 심는다.

건조에 약하므로 심은 후에는 물을 흠뻑 준다.

재배관리

● 사이갈이·잡초 뽑기·웃거름

옮겨 심은 후에 모종이 뿌리를 내리기 시작할 무렵부터 추위에 강한 별꽃 등의 잡초가 무성해지므로, 잡초 뽑기를 겸해서 사이갈이를 1~2회 한다.

웃거름은 1월 하순~2월 상순에 1㎡당 화성비료 30~40g을 포기 사이에 주고 사이갈이 한다.

또한, 열매가 굵어지기 시작할 때 액체비료를 주는 것도 효과적이다.

● 짚·풀 깔기, 바닥덮기

2~3월에 검은 비닐로 바닥덮기 하면 땅의 온도가 올라가서 생육이 촉진되고 꽃도 빨리 핀다. 또한, 잡초 방제에도 효과적이다.

단, 바닥덮기를 하기 전에 마른 잎이나 병에 걸린 잎 등을 제거해야 한다. 물론 풀이나 짚을 깔아주는 것도 좋다.

● 병해충 대책

흰가루병에는 지노멘 수화제 2500배액, 잿빛곰팡이병에는 이프로 수화제 1500배액, 진딧물에는 DDVP 1000배액, 응애류에는 디코폴 유제를 초기에 뿌린다.

열매채소 Strawberry

옮겨심기 ❶
포기간격을 30cm로 하고 옮겨 심는다. 심을 구멍을 파고 물을 듬뿍 준다

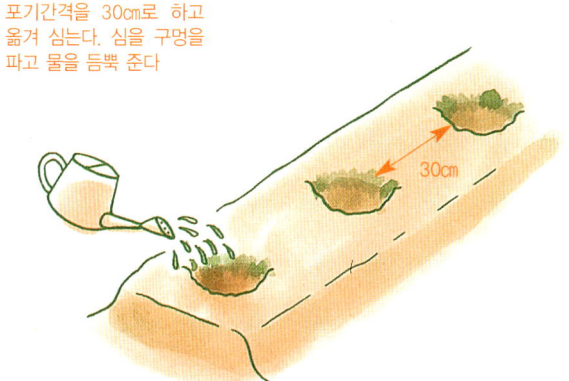

옮겨심기 ❷
물이 빠지면 모종을 얕게 심는다. 심을 때 기는줄기의 끝을 안쪽으로 향한다

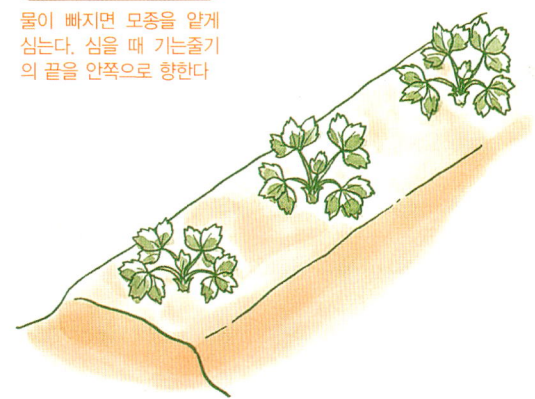

심는 방향
기는줄기의 끝이 통로 반대쪽을 향하게 하고, 크라운이 약간 감춰질 정도로 얕게 심는다

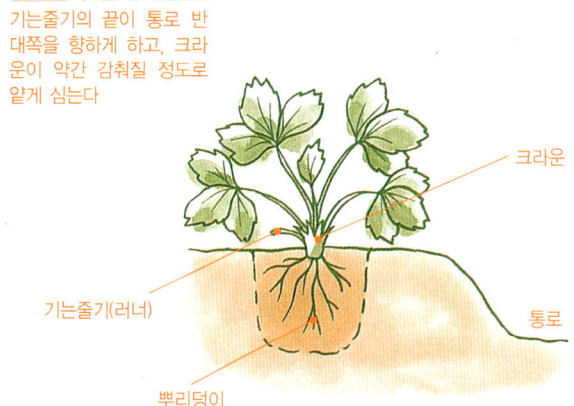

- 크라운
- 기는줄기(러너)
- 통로
- 뿌리덩이

짚깔기
2월 상순~3월에 포기 주변에 짚을 깔아주면 좋다. 잡초 생성을 막고, 딸기 열매가 땅에 직접 닿지 않게 하며, 흙이 튀는 것을 막는 효과가 있다

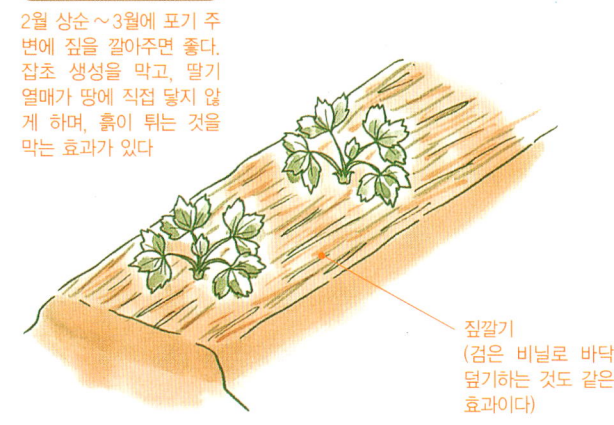

- 짚깔기 (검은 비닐로 바닥 덮기하는 것도 같은 효과이다)

● **기는줄기 채취(모종 기르기)**

수확이 시작되면 기는줄기가 자라서 자식포기가 만들어진다. 일단 수확이 끝나면 다음해를 위해 모종을 기른다. 포트 육묘가 가장 간단하고 실패율도 적다.

 수확

5월 중순부터 정원 가득 퍼지는 감미로운 딸기향은 딸기가 봄철 채소정원의 으뜸이란 생각을 하게 한다. 하얀 꽃도 청초하고 아름답다. 채소정원이 아니면 맛볼 수 없는 새빨갛고 달콤한 딸기를 맛볼 수 있다.

자식포기를 포트에 놓고 기는줄기를 돌 등으로 잘 고정하며, 뿌리를 튼튼하게 내릴 때까지 물을 준다

배추과

래디시

'이십일무'로도 불리며, 약 30일이면 수확할 수 있다. 품종으로는 길고 전체가 붉은 적장20일무, 길고 붉은데 끝에만 하얀 반적장20일무, 둥글고 전체가 붉은 적환20일무, 둥글고 반만 붉은 반적환20일무 등이 있다. 재배하기 쉽고, 혹한기를 제외하면 1년 내내 재배할 수 있으며, 둥글고 선명한 빨간색의 예쁜 모양 때문에 수확이 한층 더 즐겁다. 작은 무이기 때문에 정원재배나 컨테이너 재배 모두 적합하다. 키가 10~20㎝로 낮아서 정원 앞쪽에 심는 것이 좋다. 또한 단기간에 수확할 수 있으므로 다음 작물을 심기 전까지 정원의 빈 공간을 활용하여 짧게 재배할 수 있다.

 3월 하순 — 흙 만들기　　 5월 중순~7월 중순 — 수확　　 9월~10월 상순 — 씨뿌리기

 3월 중순~5월 하순 — 씨뿌리기　　 8월 중순 — 흙 만들기　　 9월 하순~12월 상순 — 수확

준비

● 흙 만들기
① 씨뿌리기 2주 전
　고토석회를 1㎡당 100g을 뿌려서 20㎝ 깊이로 잘 간다.
② 씨뿌리기 1주 전
　1㎡당 퇴비 2kg, 화성비료 100g을 뿌려서 흙과 잘 섞는다.

● 씨뿌리기
생육기간이 짧고 곧은뿌리이므로 바로뿌리기 해서 재배한다. 비교적 서늘한 기후를 좋아하기 때문에 봄(3월 중순~5월)과 가을(8월 하순~10월 상순)이 파종 적기다. 여름에는 해충이 많이 생기고, 기온이 낮은 겨울에는 생육기간이 2배가 넘게 걸리므로 주의한다.

씨앗은 솎아내기 등의 관리를 생각해서 줄뿌리기 하는 것이 좋다. 1줄 또는 20~30㎝ 간격으로 2줄을 뿌린다. 흙을 덮고 물을 흠뻑 준다.

재배관리

● 물주기
발아할 때까지 건조해지지 않도록 주의한다. 발아 후에 건조해지면 물을 흠뻑 준다.

● 솎아내기 · 웃거름 · 북주기
씨를 뿌리고 3~4일이면 발아한다. 떡잎이 벌어지면 무성한 부분을 솎아낸다. 본잎이 2~3장일 때 3~5㎝ 간격으로 솎아내고, 웃거름으로 화성비료를 1㎡당 30g 주어 뿌리가 굵어지게 한다.

● 병해충 대책
진딧물, 배추벌레의 애벌레 등이 생긴 경우에는 말라티온 유제 1000배액을 뿌려서 방제한다.

수확

뿌리 지름이 2~3㎝로 굵어진 것부터 차례로 수확한다. 수확이 늦어지면 갈라지거나 또는 너무 커져서 품질이 떨어지므로 적기에 수확해야 한다.

약 30일이면 수확하는 래디시. 씨앗을 나누어서 다른 시기에 뿌리면 오랜 기간 수확할 수 있다

뿌리채소 **Radish**

씨뿌리기

줄간격 20~30cm로 줄뿌리기 한다. 그림에서는 세로로 2줄이지만 가로로 심어도 된다.

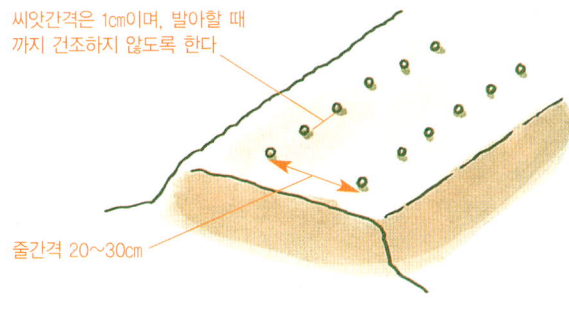

씨앗간격은 1cm이며, 발아할 때까지 건조하지 않도록 한다.

줄간격 20~30cm

솎아내기

본잎이 2~3장일 때 포기간격 3~5cm로 솎은 후 웃거름을 준다.

솎을 때에는 생육이 좋은 것을 남긴다. 솎은 것도 샐러드 등에 이용할 수 있다.

1m²당 화성비료 30g을 줄 사이에 준다

비료를 주고 북주기 한다

3~5cm

수확

뿌리 지름이 2~3cm인 굵은 것부터 차례로 수확한다.

여러 품종의 래디시 씨앗을 섞어 심는다

한마디 메모

래디시는 새빨갛고 둥근 것 이외에도 위는 빨갛고 아래가 하얀 것, 새빨갛고 긴 것 등 다양한 품종이 있다.

채소정원에서는 다양한 품종을 섞어서 길러보자. 채소정원이 아니면 맛볼 수 없는 다양한 색들로 채워진다. 수확하면 바구니에 빨갛고 하얀 래디시들을 하나 가득 채워보자.

컨테이너 재배에서는 둥근 화분을 이용하여 앞쪽에 알리숨 등의 화초를 심고, 무지개처럼 원을 그리면서 래디시를 심으면 귀여운 모아심기 화분을 완성할 수 있다.

색이나 모양이 다양하게 여러 품종을 섞어서 기른다

배추과

무

김치의 주재료로 가장 친숙한 채소 중 하나이며, 예부터 전국 각지에서 서울무·진주대평무 등 다양한 지방 품종이 재배되어 왔다. 품종은 수확시기에 따라 가을에 수확하는 경상무·진주대평무, 가을에 씨를 뿌려서 봄에 수확하는 보석알타리·한올대형무, 여름에 수확하는 봄초롱·은초롱 등이 있다. 생육 적정온도가 17~20℃로 서늘한 기후를 좋아한다. 10℃ 이하의 저온에서는 꽃눈이 분화되어 뿌리가 굵어지는 것을 방해하므로 파종시기가 중요하다. 또한 계절에 맞는 품종을 고르는 것이 포인트이다. 북주기 하면 길이 약 50cm로 자라므로 정원의 중간 위치에 심는 것이 좋다.

봄 파 종
- 3월 중순~하순 : 흙 만들기
- 4월 중순 : 씨뿌리기
- 5월 중순 : 웃거름
- 6월 중순~7월 상순 : 수확

가을파종
- 8월 중순~하순 : 흙 만들기
- 8월 하순~9월 상순 : 씨뿌리기
- 9월 하순~10월 상순 : 웃거름
- 10월 하순~11월 중순 : 수확

준비

● 흙 만들기

무 재배의 핵심은 흙을 정성들여 깊이 갈아주는 것이다.

① 씨뿌리기 2주 전

1m²당 고토석회 100~150g을 뿌려서 잘 간다.

② 씨뿌리기 1주 전

1m²당 퇴비 2kg과 화성비료 100g을 전체에 뿌린 후 흙을 부수면서 잘 섞는다. 물빠짐이 좋은 곳에서 잘 자라므로, 흙을 푹신푹신하고 부드럽게 통기성이 좋게 만든다.

● 씨뿌리기

두둑폭 60cm, 포기간격 30cm로 1군데에 씨앗을 4~5개 점뿌리기 하고, 씨앗이 가려질 정도로만 흙을 약 1cm 덮는다.

씨를 뿌릴 때 길이 30cm의 맥주병 바닥을 이용하여 점뿌리기 할 구멍을 만들면 편리하다. 흙을 덮은 후에 물을 듬뿍 주고 그 위에 부엽토를 뿌리면 흙이 마르는 것을 막는 효과가 있다. 무는 대표적인 곧은뿌리성 채소로 씨앗을 밭에 직접 뿌려서 재배한다. 옮겨 심으면 가랑이 무가 된다. 꽃눈의 분화를 생각할 때 가을파종의 파종시기가 매우 중요하다. 일반적으로 8월 하순~9월 상순이 파종 적기다.

재배관리

● 물주기

발아할 때까지 마르지 않게 주의하고, 발아 후에는 마르면 물을 충분히 준다.

● 솎아내기·웃거름·북주기

본잎이 1~2장일 때 생육이 좋은 3포기를 남기고 솎아준다. 솎은 후에는 포기 밑동에 살짝 북주기를 하여 포기가 흔들리지 않게 한다.

본잎이 3~4장일 때 2포기, 본잎이 6~7장일 때 1포기를 남기고 솎아낸다. 벌레를 먹었거나 병에 걸린 포기, 잎색이나 모양이 다른 포기들은 뽑아버린다. 솎은 포기는 버리지 않고 된장국이나 샐러드 등에 이용한다.

2회째 솎아내기부터는 솎고 나서 1m²당 화성비료 30g을 주고 북주기한다.

● 병해충 대책

배추벌레의 애벌레, 배추좀나방, 도둑벌레 등에는 BT제, 진딧물과 벼룩잎벌레에는 DDVP 유제 1000배액을 뿌려서 방제한다. 농약을 사용하지 않으려면 한랭사로 터널을 만들어 덮는다.

뿌리채소 **Radish**

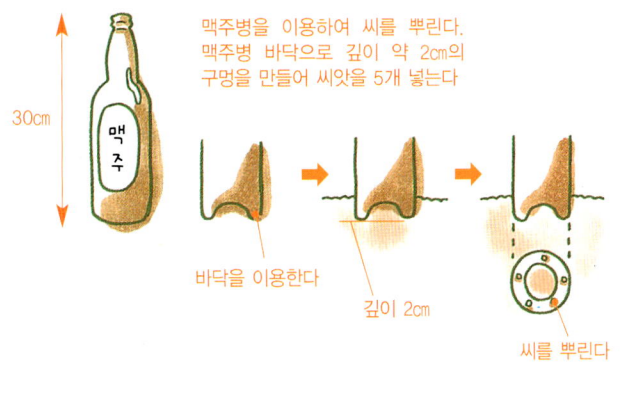

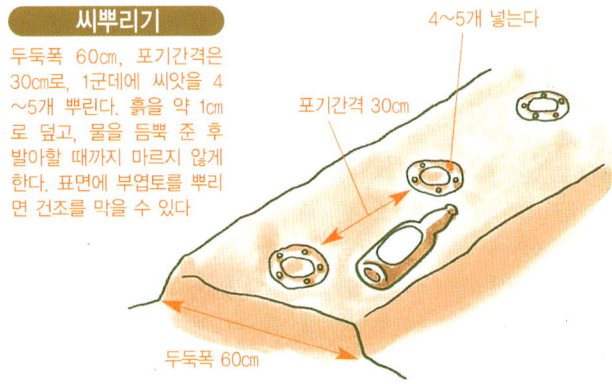

씨뿌리기
두둑폭 60cm, 포기간격은 30cm로, 1군데에 씨앗을 4~5개 뿌린다. 흙을 약 1cm로 덮고, 물을 듬뿍 준 후 발아할 때까지 마르지 않게 한다. 표면에 부엽토를 뿌리면 건조를 막을 수 있다

솎아내기
3회로 나누어 솎아주고, 성장에 따라 웃거름을 주고 북주기를 한다

1회째 — 본잎이 1~2장일 때 3포기를 남기고, 가볍게 북주기 하여 흔들리지 않게 한다

2회째 — 본잎이 3~4장일 때 2포기를 남기고, 웃거름으로 1㎡당 화성비료 30g을 주고 북주기 한다

3회째 — 본잎이 6~7장일 때 1포기 남기고, 웃거름으로 1㎡당 화성비료 30g을 주고 북주기 한다

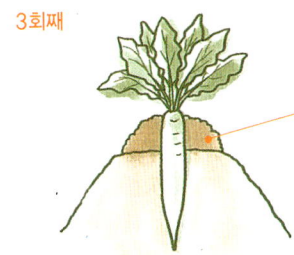

수확
뿌리 굵기가 6~7cm이면 수확한다. 조생종은 55~60일, 만생종은 90~100일이면 수확할 수 있다

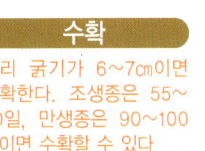

수확

수확의 기준은 품종에 따라 다른데, 조생종은 55~60일, 만생종은 90~100일이다. 일본에서 도입한 청수무는 굵기가 6~7cm가 되면 수확한다.

우리나라의 재래종 무   [한마디 메모]

무는 재배역사가 오래된 우리나라의 대표적인 채소로, 지방마다 형질이 다른 재래종이 많이 재배되었다.

옛날 기록들을 보면 뿌리가 크고 연하며 물이 많아서 김장용으로 알맞은 나주종, 작고 뿌리 끝이 굵고 단맛이 많은 서울의 뚝섬무 등 그 종류가 다양하다.

1907년에 궁중·성호원 등의 일본무가 도입된 이래 계속 일본무의 재배가 확대되었으며, 1대잡종(F1)이 보급되면서 재래종은 유전자원을 확보하지 못한 채 사라져버렸다.

명아주과

비트

비트는 사탕무의 근연종으로 비대한 뿌리를 먹는다. 선명한 진홍색이며, 자르면 둥근 모양으로 매우 아름답다. 러시아 요리인 수프 보르시치의 재료이며, 초절임이나 샐러드요리를 장식할 때 이용한다. 도입 품종으로 디트로이트다크레드·퍼펙티드디트로이트·얼리블로드가 있다. 생육 적정온도는 15~21℃, 서늘한 기후를 좋아하며, 내한성이 강하지만 더위에 약하다. 잎은 불타는 듯한 강렬한 색으로, 잎 중심의 채소정원을 더욱 돋보이게 한다. 키 30~40cm로 정원의 앞쪽이나 가장자리에 알맞다. 잎의 색을 잘 조합하여 여러 종류의 채소와 모아심기할 수 있다.

봄 파종
- 흙 만들기: 3월 중순~하순
- 씨뿌리기: 4월 상순~중순
- 웃거름: 4월 하순
- 웃거름: 5월 중순
- 수확: 6월 상순~7월 하순

가을파종
- 흙 만들기: 8월 중순
- 씨뿌리기: 8월 하순~9월 상순
- 웃거름: 9월 하순
- 웃거름: 10월 중순
- 수확: 11월 중순~12월 하순

준비

● 흙 만들기
유기질이 풍부하고 물이 잘 빠지는 장소가 적합하다. 같은 명아주과인 시금치처럼 산성흙에서는 발아나 생육이 나쁘므로 pH 6.3~7.0이 되도록 석회로 조정한다.

① 씨뿌리기 2주 전
산성흙에 약하므로 1㎡당 고토석회 200g을 밭 전체에 뿌리고 흙과 잘 섞는다.

② 씨뿌리기 1주 전
1㎡당 퇴비 2kg과 화성비료 100g을 뿌린 후 흙 표면을 평평하게 고른다.

● 씨뿌리기
두둑폭을 약 50cm로 만들어서 씨앗을 줄뿌리기 한다. 씨앗을 미리 하루쯤 물에 담갔다가 뿌리면 발아가 잘 된다. 흙을 약 1cm로 덮고, 씨를 뿌린 후 물을 충분히 준다.

재배관리

● 물주기
발아할 때까지 흙이 마르지 않게 주의하고, 발아 후에는 마르면 물을 충분히 준다.

● 솎아내기
비트 씨앗은 정확히 말하면 씨알이라고 하며, 2~3개의 씨앗이 모여 있는 모양이다. 따라서 1개에서 2~3포기가 발아한다.

첫 번째 솎아내기는 발아한 후에 무성해진 부분을 포기간격 3cm로 솎는다. 그 후 본잎이 3~4장일 때 포기간격을 5~6cm로, 본잎이 5~6장일 때는 10cm가 되게 솎는다.

● 웃거름·북주기
두 번째 솎아내기부터는 솎은 후 포기 밑동에 화성비료를 1㎡당 30g을 주고 가볍게 북주기 한다. 북주기는 잡초 뽑기를 겸해서 한다.

● 병해충 대책
진딧물과 도둑벌레는 DDVP 또는 말라티온 1000배액을 뿌려서 방제한다.

수확

뿌리 지름이 5~7cm로 굵어지면 차례로 수확한다. 달착지근하고 독특한 맛이 있으며, 둥글게 잘랐을 때 동심원 모양의 선홍색을 즐겨보자.

뿌리채소 **Beet**

씨뿌리기
두둑폭 50cm로 하여 씨앗을 줄뿌리기 한다. 씨앗은 미리 하루쯤 물에 담갔다가 뿌리면 발아가 잘 된다

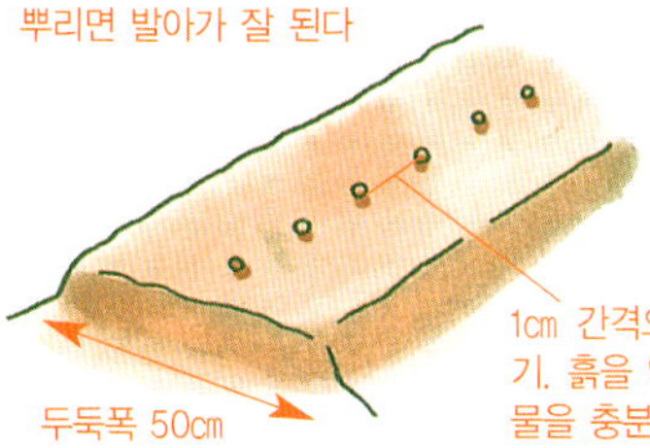

1cm 간격으로 줄뿌리기. 흙을 약 1cm 덮고 물을 충분히 준다

두둑폭 50cm

솎아내기·웃거름
솎아내기를 3회 하여 10cm 간격으로 만든다

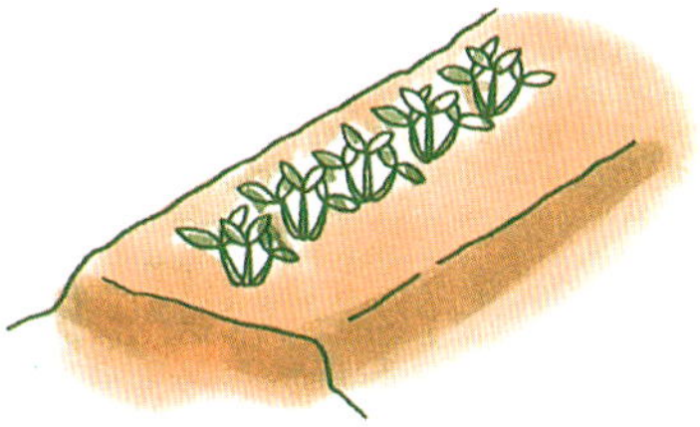

1회째 발아 후 3cm 간격으로 솎는다

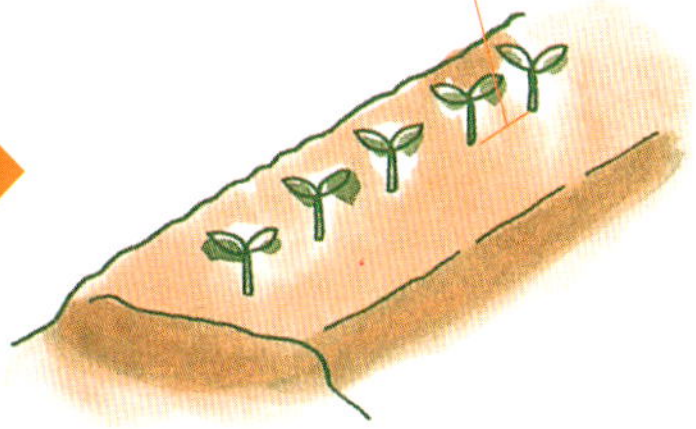

2회째 본잎이 3~4장일 때 5~6cm 간격으로 솎는다

웃거름으로 화성비료를 1m²당 30g 준다

가볍게 북주기한다

3회째 본잎이 5~6장일 때 10cm 간격으로 솎는다

웃거름으로 화성비료를 1m²당 30g 준다

북주기할 때에는 포기를 똑바로 세우고 쓰러지지 않게 흙을 쌓는다

가볍게 북주기한다

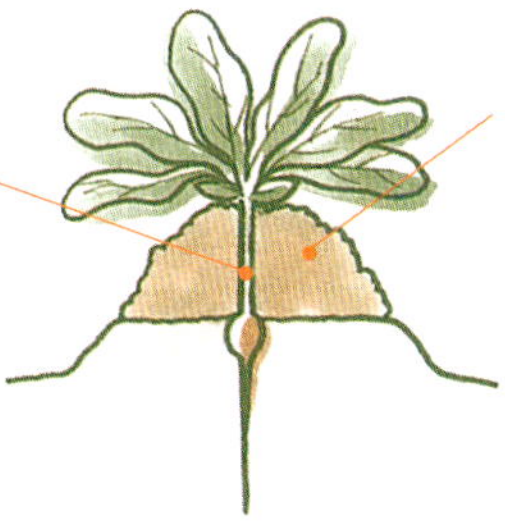

수확
뿌리 지름이 5~7cm가 되면 차례로 수확한다

5~7cm

채소정원 가장자리에 가장 알맞다

한마디 메모

비트는 근대와 같은 명아주과로 둥글고 붉은 뿌리가 굵어진 것을 먹으며, 불타는 듯한 붉은 잎과 잎자루를 지닌다.

채소정원에서는 이러한 특징을 잘 살려 정원의 가장자리에 심으면 정원이 매우 화려해진다. 특히 다른 잎채소류와 짝을 이루어 직선으로 심으면, 정원이 정돈되어 보여서 한층 더 돋보인다. 잎의 붉은 빛을 즐긴 후에는 뿌리를 초절임이나 샐러드에 이용한다.

정원의 가장자리에 빙 둘러 심으면 좋다

생강과

생강

향신채로 특유의 향과 매운맛·살균작용이 있어 세계적으로 주목받는 채소이다. 덩이줄기의 크기에 따라 소생강·중생강·대생강으로 나눈다. 품종은 소생강에 곡중·금시, 중생강에 황생강·중생강, 대생강에 근강·인도 등이 있다. 여러해살이이며, 원산지가 열대지방이기 때문에 고온다습한 것을 좋아한다. 추위에 약해서 10℃ 이하의 저온에서는 덩이줄기가 썩기 쉬우므로 주의한다. 키는 품종과 수확시기에 따라 다른데, 약 40~80㎝로 정원의 중간 위치에 배치하는 것이 좋다. 정원의 한 모퉁이를 양념코너로 만들어서 잎파·차조기·고추 등으로 꾸미는 것도 좋은 방법이다.

  4월 상순~중순 — 흙 만들기

 7월 중순~9월 중순 — 웃거름

 4월 하순~5월 상순 — 아주심기

 10월 하순~11월 상순 — 수확

준비

● 흙 만들기

① 아주심기 2주 전

1㎡당 석회 100g을 밭 전체에 뿌리고 잘 간다.

② 아주심기 1주 전

1㎡당 퇴비 3kg, 화성비료 100g을 전체에 뿌려서 흙과 잘 섞는다. 생강은 이어짓기를 싫어하므로, 흙에서 병이 전염되지 않도록 4~5년간 생강을 재배하지 않았던 곳을 골라서 돌려짓기 한다.

아주심기

땅의 온도가 최저 15℃ 이상 되는 4월 하순~5월 상순에 옮겨 심는다. 두둑폭을 60㎝로 하고, 두둑 중앙에 깊이 10㎝의 고랑을 판다. 씨생강의 눈을 위로 하여 포기간격 25~30㎝로 두둑에 직각으로 나란히 놓고 흙을 약 5㎝ 덮는다.

재배관리

● 잡초 뽑기

아주심기 한 후 싹이 나오기까지 30일 이상 걸린다. 그 동안에 잡초가 많이 생기므로 빨리 잡초를 뽑는다.

● 웃거름·북주기

웃거름은 발아 후와 발아하고 30~40일 후에 모두 2회 준다. 첫 번째 웃거름은 화성비료를 1㎡당 30g 준다. 웃거름을 준 후에 사이갈이를 겸해서 북주기 하여 생육을 촉진한다.

웃거름을 줄 때에는 북주기와 함께 잡초 뽑기도 게을리 하지 않는다.

● 짚깔기·물주기

건조에 약하므로 장마가 끝나는 7~8월의 고온기에 포기 밑둥을 중심으로 두둑 전체에 짚을 두껍게 깔아준다.

또한, 생강은 뿌리가 얕고 빈약하기 때문에 물을 잘 주어야 수확량이 많아진다. 1주일에 1회 물을 충분히 준다.

● 병해충 대책

조명나방에는 칼탑 수화제 1000배액, 흰별무늬병에는 타로닐 수화제 800배액을 뿌려서 방제한다.

수확

10월 하순~11월 상순, 잎줄기가 누렇게 변하면 수확한다. 흙이 묻은 채 통째로 파낸다.

잎생강은 잎줄기가 3줄기로 나누어지고, 키가 40~50㎝가 되었을 때 수확한다.

뿌리채소 **Ginger**

아주심기
씨생강의 눈이 위로 향하게 하여, 포기간격 25~30cm로 심는다

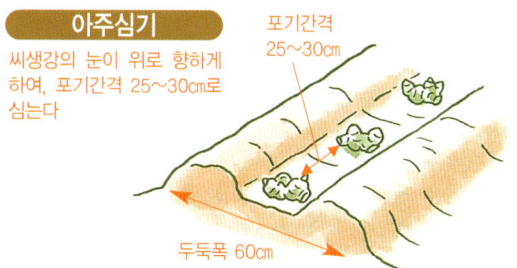

포기간격 25~30cm

두둑폭 60cm

건조 대책
건조에 약하므로 장마가 끝나는 7~8월의 고온기에 포기 밑동에 짚을 깔아준다

포기 밑동을 중심으로 두둑 전체에 짚 등을 깐다

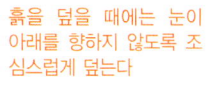
흙을 덮을 때에는 눈이 아래를 향하지 않도록 조심스럽게 덮는다

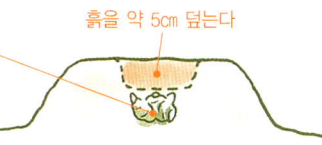
흙을 약 5cm 덮는다

짚 이외에 부엽토나 마른 풀 등을 깔아도 좋다

햇생강 수확
7월 하순부터가 햇생강의 수확기다. 땅 표면을 한쪽 손가락 끝으로 누르고, 굵게 자란 생강을 다른 손으로 떼어낸다

햇생강

뿌리생강 수확
10월 하순~11월에 충분히 굵어진 뿌리를 통째로 파낸다. 햇생강을 수확한 후에 흙이 묻은 채 통째로 파낸다

햇생강을 수확한 후

뿌리생강

싹이 나오면 옮겨 심는다

한마디 메모

  씨생강을 밭에 그냥 심으면 발아하기까지 30일 이상 걸리므로 싹을 틔워서 심는다.

  배양토를 넣은 상자에 씨생강을 놓은 후 씨생강이 가려질 정도로 흙을 덮고 비닐 등을 씌워서 싹이 나온 후에 심으면, 밭도 효과적으로 이용할 수 있다. 또한, 생강은 열대 아시아 원산의 고온성 식물이기 때문에, 생육 초기에 저온이라서 생육이 느려지는 것을 막을 수 있다. 상자에 심은 씨생강의 싹이 7~8cm로 자랐을 때 정원에 옮겨 심는다.

생강의 싹. 발아에 30일 이상 걸린다

배추과

소송채

비타민A와 C, 미네랄이 풍부한 영양가 높은 채소이다. 이름은 일본 도쿄의 고마츠가와[小松川] 강에서 생산된 것에서 유래한다. 품종으로는 일본 수입종인 미코마나 등이 있다. 반나절 정도 햇빛이 드는 곳에서 잘 자라기 때문에 채소정원에 적합하다. 키가 20~30㎝일 때 수확하므로 정원 앞쪽에 심는 것이 좋다. 봄·가을 파종은 30~40일, 여름 파종은 25~30일이면 수확한다. 10일 간격으로 계획을 세워서 씨앗을 뿌리면, 요리에 잘 이용할 수 있다.

씨뿌리기 — 3월 중순~10월 하순

수확 — 5월 상순~12월 하순

준비

● 흙 만들기
① 씨뿌리기 2주 전
고토석회를 1㎡당 100~150g을 뿌려서 잘 간다.

② 씨뿌리기 1주 전
1㎡당 화성비료 100g, 퇴비 2㎏을 뿌려서 흙과 잘 섞고 표면을 평평하게 한다.

● 씨뿌리기
3월 상순부터 10월 하순까지 언제나 씨를 뿌릴 수 있다. 그러나 더워지면 해충이 생기기 쉬우므로 주의한다. 폭 20㎝의 고랑에 1㎝ 간격으로 줄뿌리기 한 후 흙을 덮고 물을 준다.

기온이 낮은 초봄이나 늦가을에는 피복자재로 두둑 전체를 덮어주면 발아가 빨라진다.

재배관리

● 물주기
발아할 때까지 흙이 마르지 않도록 주의한다. 발아 후에는 흙이 마르면 물을 충분히 준다.

● 솎아내기 · 웃거름
물을 충분히 주면 3~4일이면 발아한다. 촘촘한 부분을 솎아서 본잎이 1~2장일 때 3~4㎝ 간격으로 만든다. 솎아내기를 잘하여 포기 하나하나를 튼튼하게 키운다. 솎아낸 소송채는 샐러드나 된장국 등에 이용한다. 솎은 후에는 웃거름으로 화성비료를 1㎡당 30g 주고, 사이갈이를 겸하여 가볍게 북주기 한다.

● 병해충 대책
여름철에는 배추좀나방이나 배추벌레의 애벌레 피해가 심하기 때문에 방제해야 한다. 배추좀나방이나 배추벌레의 애벌레는 BT제로, 매년 생기는 진딧물이나 벼룩잎벌레는 말라티온 유제 등으로 방제한다. 한랭사나 부직포를 터널 모양으로 씌워서 해충을 막으면, 농약의 사용 횟수를 줄일 수 있을 뿐만 아니라 무농약 재배도 가능하다.

수확
수확은 키가 약 25㎝일 때 하는 것이 가장 좋다. 방심하여 수확시기를 놓치면 소송채가 너무 커져서 품질이 떨어지므로 주의한다.

잎채소 **Komatsuna**

씨뿌리기

1cm 간격으로 줄뿌리기 하여 흙을 덮은 후 물을 충분히 준다

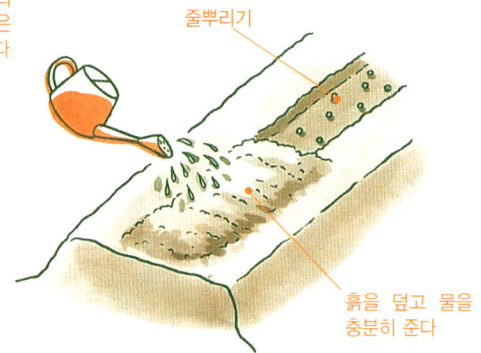

줄뿌리기

흙을 덮고 물을 충분히 준다

솎아내기

본잎이 1~2장일 때 촘촘하게 자란 것을 3~4cm 간격으로 솎아준다

본잎

3~4cm

웃거름

솎은 후에 화성비료를 1㎡당 30g 웃거름으로 주고, 모종삽으로 가볍게 북주기 한다

북주기한다

비료를 줄 때 포기에 직접 닿지 않도록 주의한다

수확

키가 약 25cm일 때 포기 전체를 차례로 뽑아서 수확한다. 가을 파종은 봄이 오기 직전까지 남겨두면 추대하므로 꽃이 피기 전에 수확한다

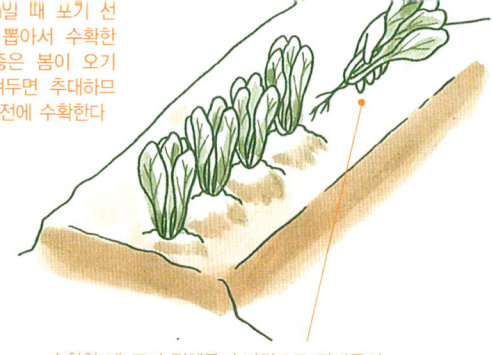

수확할 때 포기 전체를 손바닥으로 감싸듯이 잡아서 뽑으면 포기가 상하지 않는다. 잎만 몇 장 잡고 뽑으면 잎이 찢어질 수 있다

소송채꽃의 추대

한마디 메모

　소송채의 수확 적기는 키가 약 25cm일 때이지만, 가을·겨울에 재배하여 크게 자라서 서리를 맞은 소송채는 오히려 단맛이 많아져서 더 맛있다.

　소송채를 즐기는 또 하나의 방법은 3월 하순부터 시작되는 추대, 즉 소송채꽃을 이용하는 것이다. 손으로 쉽게 꺾이는 부분을 수확하여 삶아서 조리하면 봄의 미각을 즐길 수 있다. 맨 처음 나온 봉오리를 꺾으면 계속해서 곁가지가 나오므로 한동안 맛볼 수 있으며, 노랗게 핀 소송채꽃에서 봄을 느낄 수 있어서 좋다. 수확시기를 놓친 배추과 식물이 있으면 이런 방법으로 즐겨보자.

수확할 때에는 뽑지 않고 포기 밑동에서 자른다

배추과

순무

재배 역사가 오래된 채소 가운데 하나로, 모양이나 색·크기 등이 다른 품종이 다양하다. 대표적인 품종으로 재래종인 강화순무가 있으며, 그밖에 지방에 따라 소순무·황순무·비한홍순무·성호원 등이 있다. 하양 또는 빨강의 순무 색깔이나 모양 등을 고려하여 심으면 재미있는 채소정원이 된다. 생육 적정온도가 15~20℃로 서늘한 기후를 좋아하기 때문에 봄 파종(3~4월)과 가을 파종(9~10월)이 재배하기 쉬우며, 45~50일이면 수확할 수 있다. 키가 30~40cm이므로 정원 앞쪽에 배치하는 것이 좋다. 그러나 배추과의 이어짓기 장해인 뿌리혹병에 주의한다.

봄 파종: 3월 상순~중순 흙 만들기 / 3월 중순~5월 중순 씨뿌리기 / 4월 중순 웃거름 / 5월 하순~8월 상순 수확

가을파종: 8월 중순 흙 만들기 / 9월 상순~10월 중순 씨뿌리기 / 9월 중순 웃거름 / 10월 중순~12월 중순 수확

준비

● 흙 만들기

① **씨뿌리기 2주 전**

고토석회를 1㎡당 100g을 뿌려서 잘 간다.

② **씨뿌리기 1주 전**

1㎡당 퇴비 2kg, 화성비료(N-P-K=15-15-15) 100g을 뿌려서 갈고 표면을 평평하게 고른다.

● 씨뿌리기

순무는 곧은뿌리로 원뿌리가 굵어지므로, 바로뿌리기로 씨를 뿌려서 재배한다. 옮겨 심으면 가랑이 무가 되므로 주의한다.

파종 적기는 봄에는 3월 중순부터 5월 중순, 가을에는 9월 상순부터 10월 중순이다. 줄간격 30cm로 줄뿌리기 한다. 1cm 간격으로 씨를 뿌리고 솎아내면서 기른다. 흙은 약 1cm 두께로 덮고 물을 충분히 준다.

재배관리

● 물주기

발아할 때까지 건조해지지 않도록 주의하고, 발아 후에 건조해지면 물을 듬뿍 준다.

● 솎아내기·웃거름

발아하면 포기간격을 본잎이 1~2장일 때 2~3cm, 본잎이 3~4장일 때 5~6cm, 본잎이 5~6장일 때에는 10~12cm로 솎아준다.

2회째 솎아내기를 한 후에는 생육상태를 보면서 웃거름으로 1㎡당 화성비료 30g을 주고 북주기 한다.

솎아내기는 순무의 뿌리를 굵게 만드는 중요한 작업이므로 적기를 놓치지 말고 빨리 해야 한다.

● 병해충 대책

무잎벌의 애벌레가 생기면 잎을 전부 먹어버리므로 발견하는 즉시 손으로 잡아 없애거나, 진딧물 방제를 겸해서 말라티온 유제 1000배액을 뿌린다. 배추벌레의 애벌레나 배추좀나방에는 BT 수화제를 뿌린다.

무농약으로 재배하고 싶으면 한랭사 등으로 덮어서 네트 재배하는 것도 좋은 방법이다.

수확

작은 순무는 지름이 5~6cm이면 수확 적기다. 큰 순무는 10cm 이상이 되면 차례로 수확한다. 수확이 늦어지면 무가 갈라지므로 주의한다.

뿌리채소 **Turnip**

씨뿌리기

줄간격 30cm로 줄뿌리기 한다(씨앗간격 1cm). 흙을 덮고 물을 듬뿍 주어 발아할 때까지 건조해지지 않도록 주의한다

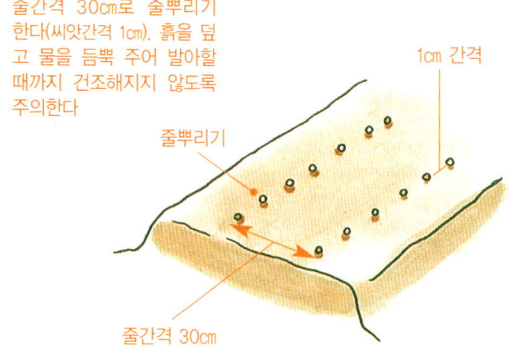

- 1cm 간격
- 줄뿌리기
- 줄간격 30cm

솎아내기

발아해서 본잎이 1~2장일 때 2~3cm 간격으로 솎는다(1회째). 본잎이 3~4장일 때에는 5~6cm 간격으로 솎은 후 화성비료를 1㎡당 30g을 주고 북주기 한다(2회째). 본잎이 5~6장일 때 10~12cm 간격으로 솎은 후 화성비료를 1㎡당 30g을 주고 북주기 한다(3회째).

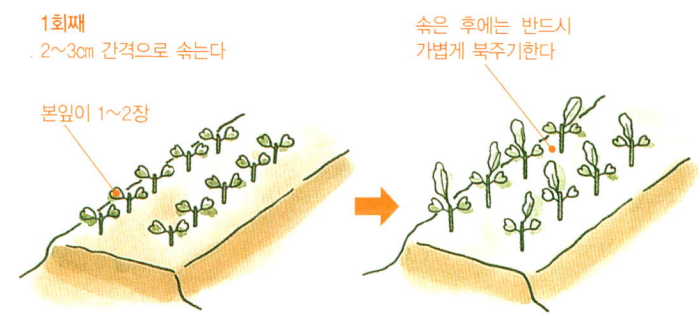

1회째
2~3cm 간격으로 솎는다
본잎이 1~2장

솎은 후에는 반드시 가볍게 북주기한다

첫 수확

씨를 뿌리고 약 45~50일, 뿌리 굵기가 5~6cm이면 수확 적기다. 큰 순무는 수확의 기준이 10cm 이상

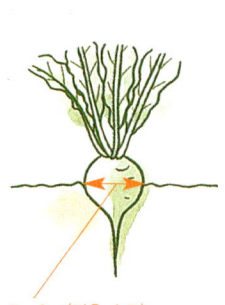
5~6cm(작은 순무)

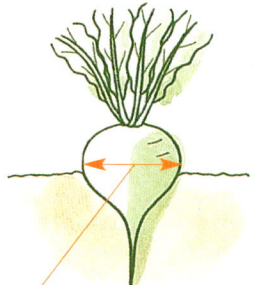
10cm 이상(큰 순무)

2회째
본잎이 3~4장
화성비료를 1㎡당 30g을 주고 가볍게 북주기한다
5~6cm 간격으로 솎는다

3회째
본잎이 5~6장
10~12cm 간격으로 솎는다

배추과의 이어짓기 장해와 뿌리혹병

한마디 메모

같은 밭에 배추과 채소를 계속해서 재배하면 '뿌리혹병'이라는 이어짓기 장해가 생긴다. 뿌리혹병은 흙 속의 뿌리혹병균 때문에 생기는 병으로, 뿌리가 혹처럼 커져서 양분과 수분을 흡수할 수 없어지므로 생육이 나빠진다. 심하면 말라죽기도 하는 무서운 병이다.

특히 순무나 배추·양배추 등의 경우에는 수확을 못 할 수도 있으므로 주의한다. 대책으로는 돌려짓기가 가장 좋다. 다음으로는 후루아지남을 이용하여 흙을 소독하거나, 무를 함께 재배해서 뿌리혹병균을 줄이는 방법 등이 있다.

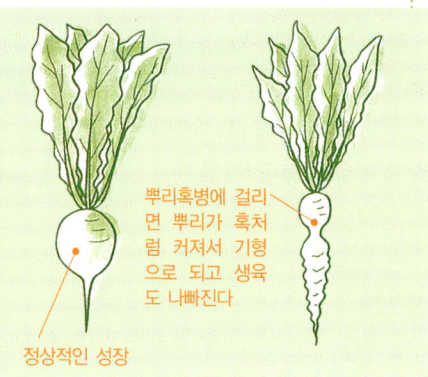

정상적인 성장 / 뿌리혹병에 걸리면 뿌리가 혹처럼 커져서 기형으로 되고 생육도 나빠진다

채소별 재배방법
Spinach

명아주과
시금치

대표적인 녹황색채소로, 비타민·철분·칼슘의 함유량이 채소 중에서 가장 높다고 알려져 있다. 발아 및 생육 적정온도는 15~20℃이다. 서늘한 기후를 좋아하여 25℃ 이상이면 생육이 급격히 나빠지고, 노균병 등의 병해도 많이 생긴다. 장일조건에서 추대를 잘 하므로 6~8월의 여름재배는 곤란하며, 저온단일 조건이 되는 9월 이후가 재배하기 쉽다. 반나절 정도 햇빛이 드는 곳이라면 충분히 생육한다. 키 25㎝ 전후일 때 수확하므로 정원 앞쪽에 심는 것이 좋다. 추위에 강하므로 가을부터 겨울까지 10일 간격으로 씨앗을 나누어 뿌리면 오래도록 즐길 수 있다.

봄 파종
- 흙 만들기: 2월 하순~3월 상순
- 씨뿌리기: 3월 상순~5월 중순
- 웃거름: 4월 중순~6월 중순
- 수확: 4월 중순~6월 중순

가을파종
- 흙 만들기: 8월 중·하순
- 씨뿌리기: 9월~10월 하순
- 웃거름: 9월 중순
- 수확: 10월 상순~12월

준비

● 흙 만들기
pH5.5 이하의 산성흙에서 생육이 나쁘므로 주의한다.

① 씨뿌리기 2주 전
1㎡당 고토석회 150~200g을 밭 전체에 뿌리고 잘 간다.

② 씨뿌리기 1주 전
1㎡당 퇴비 2kg, 화성비료 100g을 뿌리고 흙과 잘 섞는다.

● 씨뿌리기
봄 파종(3~5월)과 가을 파종(9~10월)에 적합한 품종이 다르므로 주의한다. 표면을 평평하게 고르고, 15~20㎝ 간격으로 파종 고랑을 만들어서 1㎝ 간격으로 줄뿌리기 한다. 흙을 약 1㎝ 두께로 덮고 물을 흠뻑 준다.

봄부터 여름까지는 해가 길므로 추대가 늦은 노벨·파이오니아·킹오브덴마크·우성·재래종 등의 품종을 심는다. 가장 맛있고 재배하기 쉬운 가을과 겨울에는 입추가락·풍성·차랑환 등이 알맞다.

장일조건에서 추대를 잘 하므로 가로등 불빛이 직접 비치는 곳에는 심지 않는다.

재배관리

● 물주기
발아할 때까지 건조하지 않도록 주의한다. 발아 후에는 건조해지면 물을 충분히 준다.

● 솎아내기·웃거름
씨를 뿌리고 3~4일이면 발아한다. 떡잎이 벌어져서 본잎이 보이면(씨 뿌린 후 9~10일째) 3~4㎝ 간격으로 솎는다.

솎은 후에는 웃거름으로 화성비료를 1㎡당 30g 주고 밑동에 가볍게 북주기 한다. 포기간격이 3㎝만 되어도 시금치를 충분히 수확할 수 있지만, 포기 하나하나를 크게 키우고 싶으면 포기간격을 5~6㎝가 되도록 솎는다.

2회째 웃거름은 사이갈이와 북주기를 겸해서 키가 8~10㎝ 일 때 준다.

● 병해충 대책
신경 써서 적기에 씨를 뿌리면 시금치는 무농약으로도 충분히 기를 수 있다.

단, 진딧물이나 배추벌레 애벌레 등의 피해가 걱정되면 빨리 DDVP 유제를 뿌린다. 병은 노균병이 문제인데, 이 병에 강한 품종을 골라서 기르면 피해를 줄일 수 있다.

잎채소 **Spinach**

포기를 튼튼하게 기르려면
본잎이 3~4장일 때 5~6㎝ 간격으로 솎아내기를 하면 좋다

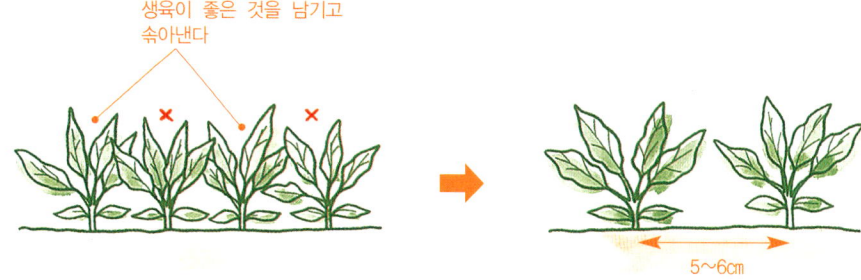

웃거름·북주기 ❶
솎은 후에 1㎡당 화성비료 30g을 줄 사이에 주고 가볍게 북주기 한다. 줄 사이에 얕게 고랑을 파서 포기가 흔들리지 않게 한다

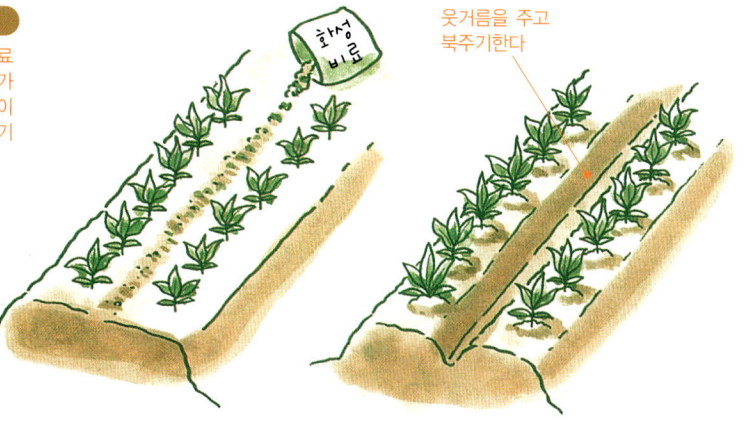

수확
키가 20~25㎝인 것을 수확한다

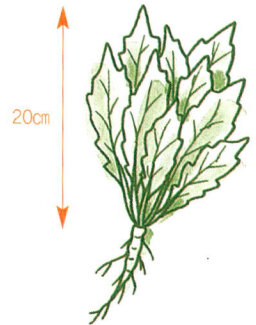

웃거름·북주기 ❷
키가 8~10㎝일 때 사이갈이와 잡초 뽑기를 겸해서 2회째 웃거름과 북주기를 한다. 화성비료를 1㎡당 30g을 주고 가볍게 북주기 한다

수확

키가 약 25㎝이면 차례로 수확한다. 봄 파종은 씨를 뿌린 후 30~40일, 가을 파종은 30~50일이면 수확한다.
수확시기를 놓쳐서 너무 크게 자라지 않도록 주의한다.

시금치의 모난 씨앗과 둥근 씨앗

한마디 메모

시금치 씨앗에 모난 모양과 둥근 모양이 있다는 것을 알고 있나요? '요즘 시금치들은 뿌리 부근이 빨갛지 않고 아삭아삭하지도 않다'거나 '잎모양이 옛날과 다르다'는 말을 나이 드신 분들로부터 종종 들을 수 있다.
예전의 시금치는 모난 재래종이 많았다. 그러나 봄파종 같은 장일조건에서 추대하기 때문에, 추대가 늦은 둥근 서양종과의 잡종이 만들어졌다. 이렇게 나온 품종은 생육이 왕성하고 재배하기도 쉽기 때문에 많이 재배되어 시금치 맛이 변한 것이다.

국화과
아티초크

엉겅퀴와 비슷하게 생긴 국화과의 대형 여러해살이 식물이다. 먹는 부분은 꽃받침 아래의 비대한 부분과 꽃턱 아래의 부드러운 부분이다. 어린 봉오리를 삶아서 드레싱을 곁들여 먹는다. 특히 꽃받침 조각의 아랫부분은 이로 훑어 먹는다. 키가 1m 이상 자라기 때문에 정원 뒤쪽에 심는 것이 좋다. 6~7월에 피는 꽃은 붉은 보라색이며, 꽃꽂이용으로도 아름답다. 은색 잎과 꽃의 조화가 아름다워 정원 중앙에 심어 중심을 잡아도 좋다.

준비

● **씨뿌리기**

일반적으로 아티초크는 초가을에 포기나누기로 증식한다. 그러나 처음 기르거나 씨앗부터 기르는 경우, 4월에 지름 12㎝의 비닐포트에 씨앗을 뿌려서 2개월 정도 기른 후 6월에 정원에 옮겨 심는다.

씨앗은 비닐포트에 2~3개 심고, 본잎이 2장 정도 날 때 1포기를 남기고 솎아낸다.

● **흙 만들기**

아티초크는 여러해살이 채소라서 4~5년간 계속 재배하고 수확할 수 있다. 포기가 매우 크고 뿌리도 왕성하게 잘 뻗기 때문에 유기질 비료를 많이 주어서 밭을 깊게 가는 것이 중요하다.

① 옮겨심기 2주 전

정원 전체에 고토석회를 1㎡당 100g 뿌려서 깊이 잘 간다.

② 옮겨심기 1주 전

두둑폭을 1m로 하고 가운데에 폭 30㎝, 깊이 30㎝의 구멍을 판다. 모종삽 하나 분량의 퇴비와 화성비료 1움큼을 구멍에 넣고 흙을 약 5㎝ 덮는다.

옮겨심기

모종을 옮겨 심고 물을 흠뻑 준다. 옮겨 심는 모종의 크기는 본잎이 4~5장일 때가 적당하며, 6월이 적기다.

연평균 기온이 13~18℃인 곳이 알맞으며, 7~8월에는 생육이 떨어진다. 또한 1~2월의 혹한기에는 지상부가 시들어 버린다.

허브로 분류되며, 초여름에 엉겅퀴와 닮은 아름다운 보라색 꽃이 핀다

잎채소 **Artichoke**

옮겨심기
퇴비와 화성비료를 넣고 흙으로 덮은 구멍에 모종을 심는다. 옮겨심기에 알맞은 모종은 본잎이 4~5장일 때이고, 6월이 적기다

웃거름(1년째)
1년째의 웃거름은 가을인 9월경에 1㎡당 화성비료 30g을 밑동에 주고 가볍게 북주기 한다. 2년째부터는 겨울에 포기 주위에 퇴비를 1㎡당 2kg을 준다

웃거름(2년째 이후)
겨울 : 포기 주위에 1㎡당 퇴비 2kg
봄 : 포기 주위에 1㎡당 화성비료 100g
가을 : 포기 주위에 1㎡당 화성비료 50g

수확
봉오리가 충분히 커졌으면 꽃이 피기 전에 수확한다. 6월경이 적기다

  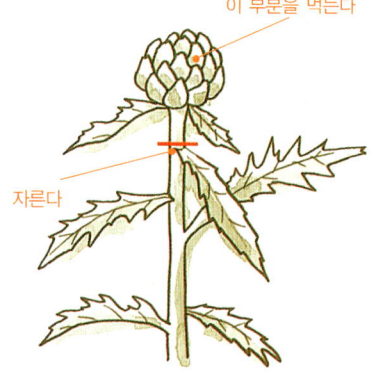

재배관리

● 물주기
옮겨 심은 후에 물을 충분히 주며, 밑동에 짚을 깔아서 잡초가 생기지 않고 건조해지지 않게 주의한다.

● 솎아내기
포트에 씨를 뿌리면 본잎이 2장일 때 1포기만 남기고 솎는다. 옮겨심기는 본잎이 4~5장일 때 튼튼한 모종으로 한다.

● 웃거름 · 북주기
1년째의 웃거름은 성장이 왕성한 가을에 주는데, 1㎡당 화성비료 30g을 포기 주위에 주고 가볍게 북주기 한다. 2년째부터는 겨울에 포기 주위에 퇴비를 1㎡당 약 2kg을 주고, 봄에는 화성비료를 1㎡당 100g, 가을에는 약 50g을 준다.

● 병해충 대책
병에 잘 걸리지 않지만, 봉오리가 보이기 시작하면서 진딧물이 생기므로 말라티온 유제 등으로 방제한다.

수확

수확 적기는 봉오리가 충분히 커졌을 때다. 보라색 꽃잎이 나오기 전에 꽃자루를 자른다. 잘 알려지지 않았지만, 데쳐서 삶은 달걀과 레몬즙 · 마요네즈 등을 섞은 소스와 곁들여 먹으면 색다른 맛을 즐길 수 있다.

배추과
양배추 · 적양배추

20℃ 전후의 서늘한 기후를 좋아하는 결구 채소. 비타민C와 위장 장애에 좋은 비타민U가 들어 있다. 본잎이 10장 정도 나면 저온에서 꽃눈이 분화하고 기온이 올라가면 추대하므로, 월동하는 가을재배에서는 옮겨 심을 때의 모종 크기가 중요하다. 채소정원에서는 결구한 모양이 색다른 볼거리다. 키가 30~40㎝이므로 정원 앞쪽에 배치하는 것이 좋다. 적양배추는 적축면상추(써니양상추)와 마찬가지로 채소정원의 중요한 소재로, 초록색 채소와 조화를 이루어 심으면 아름답다. 물론 붉은 빛이 도는 보라색 잎은 샐러드를 시각적으로 보기 좋게 장식하는 데도 이용한다.

여름파종

 8월 중순 — 흙만들기
 8월 하순~9월 중순 — 옮겨심기
 10월 상순 — 웃거름
 9월 중순 — 웃거름
 7월 하순~8월 중순 — 씨뿌리기
 10월 하순~12월 — 수확

준비

● **모종 기르기**

모종을 기르는 방법은 다음 두 가지다.
① 모종상자 등에 씨앗을 뿌려서 발아한 모종을 포트에 옮겨 심는다.
② 처음부터 포트에 씨앗을 뿌려 1포기만 남기고 솎는다.

모종 수가 적은 경우에는 포트에 직접 씨를 뿌리는 것이 좋다. 방법은 지름 9㎝의 포트에 흙을 넣고 씨앗을 5~6개 뿌린다. 싹이 나오면 3포기, 본잎이 2장일 때 2포기, 본잎이 3~4장일 때 1포기를 남기고 솎아낸다. 본잎이 5~6장일 때가 옮겨 심는 적기다.

여름 파종 재배는 7월 하순부터 8월 중순에 씨를 뿌려서 10월 하순부터 수확한다.

봄 파종은 코펜하겐마켓, 여름파종은 적양배추, 가을 파종은 석세선 등이 알맞다.

가을 파종 재배는 9월 중·하순에 씨앗을 뿌려서 다음해 4~5월에 수확한다.

● **흙 만들기**

배추과를 이어짓기 하지 않도록 재배장소를 준비한다.

① 옮겨심기 2주 전
고토석회를 1㎡당 100g을 뿌려서 잘 간다.
② 옮겨심기 1주 전
두둑폭을 60㎝로 하고, 1㎡당 퇴비 2kg, 화성비료 100g을 뿌려서 흙과 잘 섞는다.

옮겨심기

포기간격 40㎝로 심을 구멍을 파고 모종을 심는다. 흙이 건조하면 심을 구멍에 물을 듬뿍 준 후에 심는다. 생육 중에도 흙이 건조하면 물을 흠뻑 준다.

적양배추의 영어이름은 Red Cabbage이다. 정원을 아름답게 꾸며주며, 샐러드나 피클로 만들어 먹어도 맛있다.

잎채소 **Cabbage**

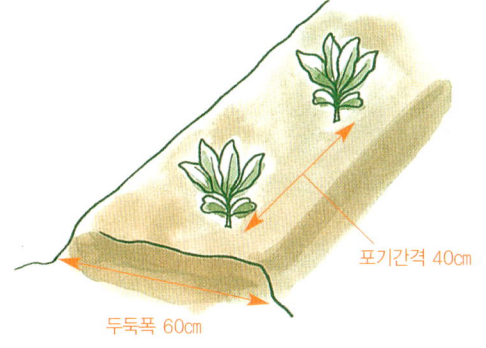

옮겨심기
흙을 만들어서 표면을 평평하게 고르고, 포기간격 40cm로 심을 구멍을 판다. 심을 구멍에 물을 흠뻑 주고 물이 빠지면 심는다

웃거름
옮겨 심은 후 본잎이 10장일 때 1회째 웃거름과 북주기를 한다. 두둑의 한쪽에 화성비료를 1m²당 30g 주고 가볍게 북주기 한다(2회째 웃거름은 그 20일 후에 같은 양을 준다)

북주기할 때 포기가 쓰러지지 않게 똑바로 세우고 흙을 모아준다. 흙은 되도록 포기 밑동에 쌓는다

 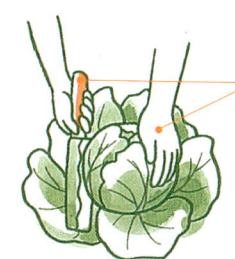

수확
양배추 통이 굵고 손으로 눌러서 단단하면 수확한다

바깥쪽 잎을 벌레가 먹은 경우에는 먹은 부분을 제외하고 잘라낸다

재배관리

● **웃거름 · 북주기 · 물주기**

① **여름 파종**
본잎이 10장 정도일 때 두둑 한쪽에 화성비료를 1m²당 30g 주고 가볍게 북주기 한다. 2회째 웃거름은 그 20일 후에 같은 양을 주고 북주기 한다.

② **가을 파종**
2월 하순부터 3월 상순에 화성비료를 1m²당 30g 주고 가볍게 북주기 한다. 결구하기 시작할 때 다시 한 번 같은 양의 웃거름을 주고 북주기 한다. 흙이 건조하면 물을 흠뻑 준다.

● **병해충 대책**
해충이 잘 생기므로 주의한다. 도둑벌레, 배추벌레의 애벌레, 배추좀나방 등은 BT제를 뿌린다. 진딧물에는 말라티온 유제를 뿌리고, 늦봄의 균핵병은 지오판을 뿌려서 예방한다.

수확

양배추의 통이 커지고 손으로 눌러서 단단하면 수확 할 시기다.

국화과
양상추 · 적축면상추

상추는 결구하는 크리습헤드형(crisphead)과 버터헤드형(butterhead), 결구하지 않는 오그라기상추(잎상추) · 배추상추(코스상추) · 줄기상추(아스파라거스상추) 등이 있다. 특히 오그라기상추 계통의 적축면상추(써니양상추)는 생육기간이 짧고 더위와 추위에도 비교적 강하며, 붉은 잎이 정원을 아름답게 한다. 상추류는 생육 적정온도가 15~20℃로 서늘한 기후를 좋아하므로 봄 · 가을에 잘 자란다. 반면에 더위에 약하여 25℃ 이상이면 발아가 나빠지고, 해가 길어지면 추대하는 성질이 있으므로 여름 재배는 곤란하다. 키가 20~30cm로 낮으므로 정원 앞쪽이나 가장자리에 알맞다.

양 상 추
- 3월 중순 — 흙 만들기
- 5월 하순~6월 상순 — 수확
- 3월 하순~4월 상순 — 옮겨심기
- 8월 중순 — 씨뿌리기
- 9월 중순 — 옮겨심기
- 9월 상순 — 흙 만들기
- 10월 하순~11월 — 수확

적축면상추
- 3월 중순 — 흙 만들기
- 5월 하순~6월 상순 — 수확
- 4월 — 옮겨심기
- 9월 중순 — 옮겨심기
- 8월 하순~9월 중순 — 씨뿌리기
- 10월 하순~12월 — 수확

준비

● **흙 만들기**

① 옮겨심기 2주 전

 1㎡당 고토석회 100g을 뿌려서 잘 간다.

② 옮겨심기 1주 전

 1㎡당 퇴비 2kg과 화성비료 100g을 주고 흙과 잘 섞는다. 상추류는 장일조건이 되면 추대하므로 베란다의 전등이나 도로의 가로등 근처는 피한다.

● **모종 선택방법**

 모종은 봄 · 가을에 종묘상이나 원예점 등에서 구입할 수 있다. 모종은 본잎이 4~5장 정도 자란 튼튼한 모종을 선택한다.

● **씨앗부터 기르는 경우**

 씨뿌리기는 봄에는 3월 상순부터 4월 상순, 가을에는 8월 중순부터 9월 중순이 적기다. 상추류의 씨앗은 빛이 있어야 발아하므로 흙을 얕게 덮는다. 발아 적정온도는 18~20℃.

 여름에 씨를 뿌릴 경우, 발아를 촉진하기 위해 씨앗을 물에 하루 담갔다가 거즈에 싸서 냉장고에 하루 넣어두고, 싹이 나오면 심는다.

 본잎이 1~2장일 때 비닐포트 또는 25구 연결포트 등에 옮겨 심는다. 본잎이 4~5장이 되면 옮겨심기에 적기다.

옮겨심기

 옮겨심기는 봄에는 3월 중순~4월, 가을에는 9월 중순~10월 상순에 한다.

 포기간격은 25~30cm, 뿌리덩이와 같은 크기의 구멍을 파고 포트에서 조심스럽게 모종을 꺼내어 옮겨 심는다.

 옮겨 심은 후에는 물을 듬뿍 준다. 흙이 건조하면 심을 구멍에 물을 충분히 준 다음에 심는다.

적축면상추는 봄 파종 · 가을 파종에 모두 알맞고 내서성도 강하다. 화분에 심어도 아름답다

잎채소 **Lettuce**

씨뿌리기
지름 6~7.5cm의 비닐 포트에 씨앗을 7~8개 뿌린다. 흙을 살짝 덮고 물을 흠뻑 준다

발아하면 3포기를 남기고 솎는다

본잎이 2장일 때 1포기만 남긴다

옮겨심기
폭 60cm의 두둑에 포기간격이 25~30cm가 되게 2줄로 심는다. 심을 구멍을 파고 물을 듬뿍 준 후 물이 빠지면 옮겨 심는다

포기간격 25~30cm

두둑폭 60cm

결구상추 수확
윗부분을 살짝 눌러서 단단하게 결구되었으면 수확 적기다

잎상추 수확 ❶
치마상추는 잎의 길이가 약 15cm일 때, 적축면상추는 속잎이 안쪽으로 말리기 시작하면 겉잎을 따서 수확한다

15cm

잎상추 수확 ❷
잎상추는 속잎이 안쪽으로 말리기 시작하면 포기째 수확한다

포기 밑동을 땅 가까이에서 칼로 자른다

재배관리

● 물주기·잡초 뽑기·웃거름
옮겨 심은 후에 흙이 마르면 물을 충분히 주어서 흙 속 수분을 알맞게 유지해야 한다. 결구하기 시작하면 1m²당 화성비료 30g을 포기 밑동에 주고 가볍게 흙을 북주기 한다. 적축면상추는 잡초 뽑기 외에는 특별한 관리가 필요 없다.

● 병해충 대책
고온다습하면 무름병·균핵병·잿빛곰팡이병 등이 발생한다. 또한 진딧물이나 거세미·도둑벌레·민달팽이 등의 피해가 있으므로 주의한다. 병해충을 발견하면 살충제나 살균제를 뿌려서 막는다. 씨뿌리기와 옮겨심기를 적기에 하고, 적절히 관리하여 병해충을 줄이며, 병에 걸린 포기는 뽑아내어 되도록이면 농약 사용을 줄인다.

수확

옮겨 심은 후 수확까지 결구상추는 약 50일, 잎상추는 약 30일이 기준이다. 결구상추는 눌러서 단단하게 결구한 것부터 차례로 수확한다.

적축면상추는 잎의 길이가 20~25cm일 때 밑동을 잘라서 수확하는 방법(포기를 통째로 수확)과, 겉잎부터 차례로 따서 수확하는 잎따기 방법이 있다.

박과

여주

특유의 쓴맛이 특징이다. 종류는 길이 10~15㎝의 짧은 것과 25~30㎝의 긴 것이 있으며, 색도 초록색과 하양 등으로 다양하다. 더위에 강해서 여름채소로 재배되며, 생육이 왕성하고 병해도 비교적 적기 때문에 가정 텃밭에서 키우기 알맞다. 또한 덩굴성이므로 여름에 재배하면 햇빛도 가리는 등 일석이조의 효과를 얻을 수 있다. 채소정원에서는 덩굴성의 특징을 살려서 아치 모양으로 감기도록 재배해도 좋다. 또한 벽면이나 퍼걸러(p.20 참조) 등을 이용하여 입체적인 모양으로 꾸밀 수도 있다.

- 5월 상순 씨뿌리기
- 5월 하순 흙만들기
- 6월 상·중순 옮겨심기
- 6월 하순~7월 상순 지주세우기
- 7월 중순(월 1~2회) 웃거름
- 8월~10월 상순 수확

준비

● 모종 기르기

4월 하순~5월 상순, 하루 정도 물에 담가서 불린 씨앗을 지름 9~12㎝의 비닐포트에 1~2개 심는다. 흙을 약 1㎝ 덮고 물을 흠뻑 준다. 본잎이 1장 벌어졌을 때 1포기만 남기고 솎는다.

솎아낸 모종도 다른 포트에 심어두면 모종으로 이용할 수 있다. 본잎이 4~5장 벌어졌을 때 옮겨 심는 적기이다.

● 흙 만들기

토양에 대한 적응력이 우수하고, 물빠짐이 좋은 흙 또는 사양토(모래참흙)가 적합하다. 햇빛이 잘 드는 곳을 선택한다.

① 옮겨심기 2주 전

고토석회를 1㎡당 100g을 뿌려서 잘 섞는다.

② 옮겨심기 1주 전

1㎡당 퇴비 4㎏, 화성비료 100g을 밭 전체에 뿌리고 잘 갈아서 표면을 평평하고 고르게 만든다. 재배기간이 길므로 유기물을 많이 넣어준다.

옮겨심기

2줄로 심고, 두둑폭을 120㎝로 한다. 포기간격은 40~50㎝로 심는다. 두둑에 바닥덮기를 하면 생육이 좋아진다.

재배관리

● 지주 세우기

지주를 빨리 세워서 유인한다. 지주는 합장식으로 세우고, 1줄 심기인 경우에는 그물망 등을 이용하여 유인한다. 처마 끝이나 울타리 등을 이용하는 것도 좋다.

● 웃거름

열매가 자라면 한달에 1~2회, 1㎡당 화성비료 30g을 포기 주위에 준다.

● 병해충 대책

진딧물은 DDVP 1000배액을 뿌린다.

수확

짧은 품종은 15~20㎝, 긴 품종은 25~30㎝일 때 덜 익은 열매를 수확한다. 덜 익었을 때에는 쓴맛이 나지만, 익으면 씨앗 주위가 빨간 젤리 같고 으름덩굴처럼 단맛이 난다.

열매채소 **Bitter cucumber**

옮겨심기(2줄 심기)

두둑폭 120㎝, 포기간격 40~50㎝로 2줄 심기. 심을 구멍을 파고 물을 듬뿍 넣는다. 물이 빠지면 모종을 얕게 심는다

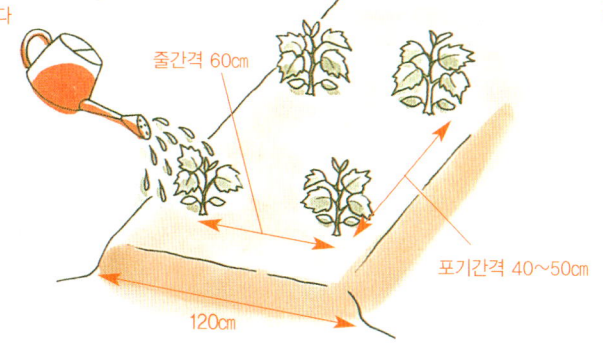

줄간격 60㎝
포기간격 40~50㎝
120㎝

합장식 지주

대나무나 플라스틱 지주를 준비한다. 약 2m 길이의 지주를 세우고, 교차되는 부분을 고정한다. 모종과 지주는 약 10㎝ 떨어뜨린다

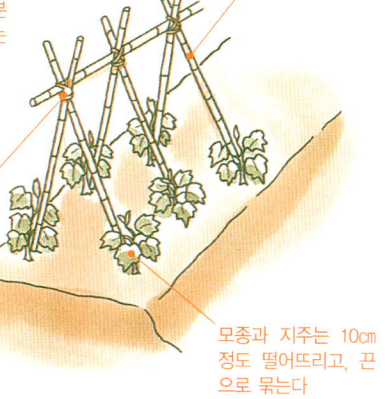

길이 약 2m
교차 부분을 고정한다
모종과 지주는 10㎝ 정도 떨어뜨리고, 끈으로 묶는다

그물·차광

1줄 심기로 하고 두둑 양 끝에 지주를 세워서 그물을 친 후 덩굴이 그물로 뻗게 하는 재배법도 있다. 처마 끝이나 울타리 등을 이용하면 차광 효과도 있다

처마 끝에 그물을 친다
울타리 형태 완성

어릴 때 쓴맛이 나는 여주

한마디 메모

열매의 쓴맛이 특징이다. 수확 적기를 놓쳐서 그대로 두면 크기가 너무 커지고 겉껍질이 누렇게 변한다. 포기에 무리가 가서 약해질 것 같아 서둘러 수확하여 속을 보면, 씨앗이 새빨간 젤리 같은 물질에 싸여 있는 것을 볼 수 있다. 이것을 핥아보면 쓴맛이 나야 할 여주가 단맛이 나서 깜짝 놀라게 된다. 달콤해서 마치 가을의 으름덩굴 같다.

씨앗이 익기까지는 쓴맛 때문에 동물들이 피하지만, 씨앗이 익으면 달콤해서 동물들이 먹고 멀리까지 씨앗을 운반하여 널리 퍼지는 것으로 추측된다.

누렇게 변한 여주 열매

채소별 재배방법
Cucumber

박과

오이

오이는 암수딴꽃의 덩굴성 한해살이이며, 생육 온도가 18~25℃로 서늘한 기후를 좋아한다. 서리에 약하고 10~12℃ 이하에서는 생육하지 않는다. 최근에는 접나무모의 보급으로 열매 표면에 하얀 가루가 생기지 않는 오이(bloomless)가 많아졌다. 품종은 크게 화남형·화북형·유럽형·잡종군의 4계통으로 나뉘며, 다양한 1대잡종 품종들이 육성, 보급되었다. 덩굴성이라는 특징을 잘 활용하여 퍼걸러나 트렐리스·벽(p.20 참조) 등에 감기게 하면, 정원을 입체적으로 연출할 수 있는 재미있는 소재이다.

 4월 중순 — 흙 만들기
 5월 중순 — 지주 세우기
 5월 하순~7월 상순(월 2~3회) — 웃거름
 4월 하순~5월 상순 — 옮겨심기
 5월 하순~7월 하순 — 수확

준비

● 흙 만들기

뿌리가 얕게 수평으로 뻗으므로 땅을 깊이 갈아서 산소를 충분히 공급하는 것이 중요하다. 또한 유기물을 많이 주어 통기성이 좋아지게 한다.

① 옮겨심기 2주 전

1㎡당 고토석회 150g을 전체에 뿌리고 간다.

② 옮겨심기 1주 전

1㎡당 퇴비 5kg, 화성비료 150g, 용성인비 60g을 밭 전체에 주고 흙에 잘 섞는다. 박과 채소는 이어짓기 하면 덩굴쪼김병이라는 토양전염성 병해가 발생하여 치명적이다. 돌려짓기 하거나 접나무모를 이용하는 것이 좋다.

● 모종 기르기

모종을 직접 기를 경우, 5월 상순에 지름 10~12㎝의 비닐포트에 씨앗을 3개 심고, 발아 후 2포기만 남긴다. 본잎 1장이 완전히 벌어졌을 때 생육이 좋은 1포기만 남기고 나머지는 솎는다. 본잎이 3~4장일 때가 옮겨심기에 적기다.

모종을 구입할 경우 제뿌리모와 접나무모가 있는데, 접나무모가 덩굴쪼김병에 강하고 생육도 왕성하다. 4월 하순~5월 상순, 서리 걱정이 없을 때 옮겨 심는다.

옮겨심기

두둑폭 60㎝, 포기간격 40~45㎝로 한다.

밭에 직접 뿌려서 재배할 수도 있다. 방법은 지름 약 20㎝의 원형 두둑을 만들어서 40~45㎝ 간격으로 씨앗을 3~4개 심고, 본잎이 4~5장일 때 1포기만 남기고 솎아낸다.

재배관리

● 지주 세우기·유인

지주는 직립식, 또는 3개의 지주를 피라미드 모양으로 엮은 합장식이 보기 좋다. 덩굴이 자라면 끈을 이용해 지주로 유인하면서 기른다. 줄기에 끈을 묶을 때 여유를 두고, 지주에 묶을 때에는 헐렁하지 않게 꽉 묶는다.

● 가지 고르기

어미덩굴의 5~6번째 마디까지 곁가지(자식덩굴)를 모두 따서 없앤다. 그 위에서 나오는 곁가지는 모두 2번째 마디에서 순지르기 하여 어미덩굴 1줄기만을 기른다. 어미덩굴이 지주 높이까지 자라면 순지르기 한 후 곁가지를 그대로 두고 기른다.

● 웃거름·물주기

비료가 부족하지 않게 한 달에 2~3회 화성비료를 1㎡당

열매채소 Cucumber

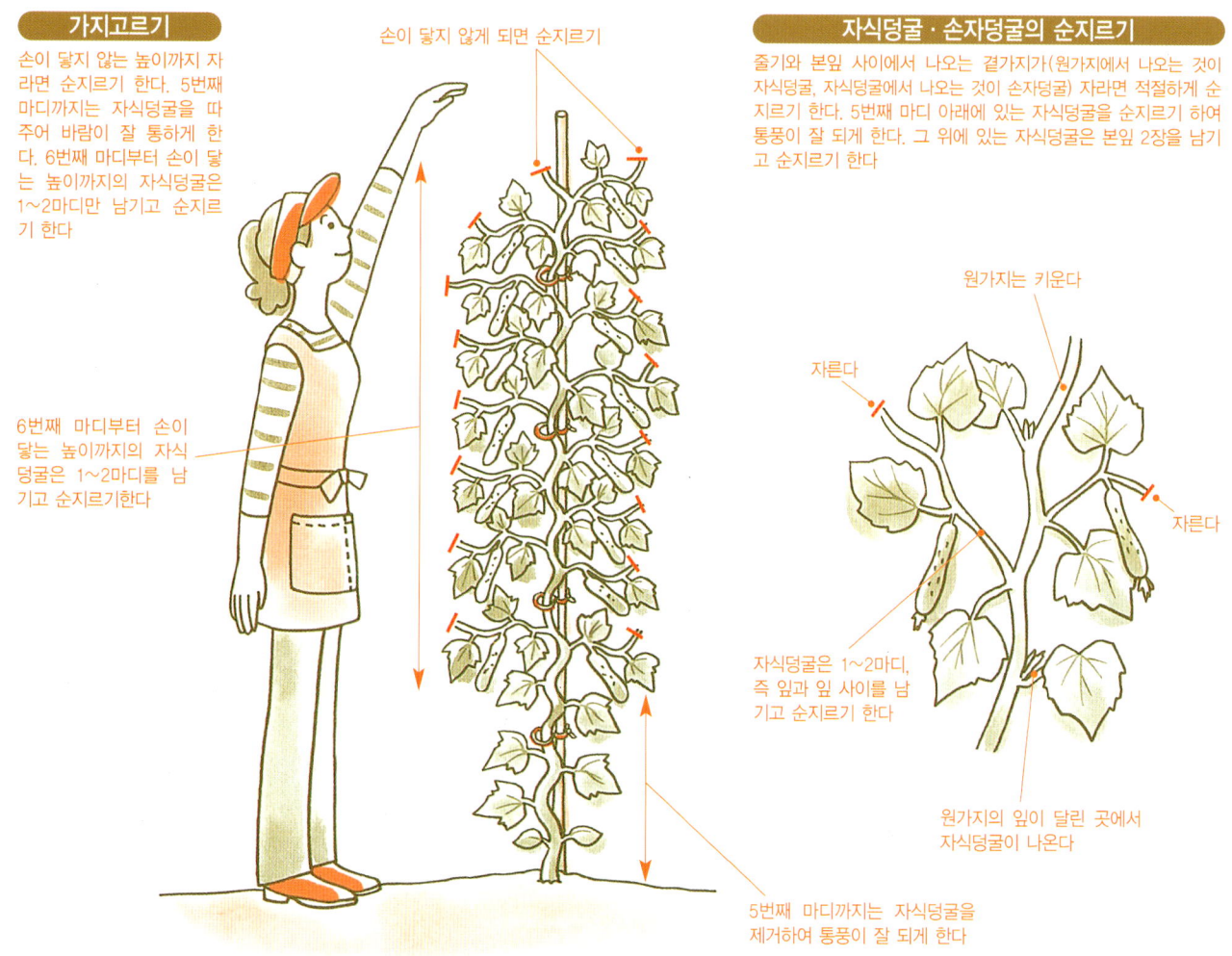

가지고르기
손이 닿지 않는 높이까지 자라면 순지르기 한다. 5번째 마디까지는 자식덩굴을 따주어 바람이 잘 통하게 한다. 6번째 마디부터 손이 닿는 높이까지의 자식덩굴은 1~2마디만 남기고 순지르기 한다

손이 닿지 않게 되면 순지르기

6번째 마디부터 손이 닿는 높이까지의 자식덩굴은 1~2마디를 남기고 순지르기한다

자식덩굴·손자덩굴의 순지르기
줄기와 본잎 사이에서 나오는 곁가지가(원가지에서 나오는 것이 자식덩굴, 자식덩굴에서 나오는 것이 손자덩굴) 자라면 적절하게 순지르기 한다. 5번째 마디 아래에 있는 자식덩굴을 순지르기 하여 통풍이 잘 되게 한다. 그 위에 있는 자식덩굴은 본잎 2장을 남기고 순지르기 한다

원가지는 키운다
자른다
자른다
자식덩굴은 1~2마디, 즉 잎과 잎 사이를 남기고 순지르기 한다
원가지의 잎이 달린 곳에서 자식덩굴이 나온다
5번째 마디까지는 자식덩굴을 제거하여 통풍이 잘 되게 한다

30g씩 밑동에 웃거름으로 준다. 건조한 날이 계속되는 여름철에는 아침이나 저녁에 물을 충분히 준다.

● **짚깔기**
장마철에 포기 밑동에 짚을 깔아주면 흙탕물이 튀어 잎이 더러워지는 것을 막을 수 있다.

● **병해충 대책**
노균병에는 타로닐 600배액, 흰가루병에는 지노멘 4000배액을 뿌려준다. 진딧물에는 DDVP 유제 1000배액을 뿌린다.

수확

처음에 열리는 2~3개의 열매는 포기가 약해지지 않도록 어릴 때 따버린다. 그 이후에는 열매가 18~20㎝가 되면 차례로 수확한다. 수확시기를 놓치면 수세미처럼 커지므로 주의한다.

오이는 발아부터 수확까지의 기간이 약 60일이 걸리는데 열매채소 중에서도 비교적 짧다. 또한, 꽃이 피고 약 7일이면 수확하므로 수확시기를 놓치지 않아야 한다.

아욱과

오크라

아프리카가 원산지인 오크라는 더위에 강하며, 한여름에도 채소 중에서 가장 아름답다는 노란 꽃이 잇달아 피어 열매를 맺는다. 10℃ 이하의 저온에서는 생육을 멈춘다. 따라서 열대지방에서는 여러해살이지만 국내에서는 한해살이로 취급된다. 품종으로는 일본 도입종인 얼리파이브·그린스타·레디핑거·블루스카이 등이 있다. 키는 품종에 따라 다르지만 1~2m 정도이므로 정원 뒤쪽에 심는 것이 좋다. 채소정원에는 꼬투리가 붉은 빛을 띠는 종류가 좋다. 생식용으로 색이 예쁘고, 가열하면 짙은 초록색으로 변한다.

 씨뿌리기: 4월 하순~5월 상순
 옮겨심기: 5월 하순~6월 상순
 흙 만들기: 5월 상·중순 (모종을 옮겨 심는 경우)
 웃거름: 7월 상순~9월 상순(월 1~2회)
 수확: 7월 상순~10월 상순

 준비

● 흙 만들기
비료 흡수력이 강하기 때문에 밑거름이 많으면 너무 많이 흡수해서 열매를 잘 맺지 못한다. 유기물을 많이 주는 등 흙 만들기에 정성을 들인다.

① 옮겨심기 또는 씨뿌리기(바로뿌리기) 2주 전
1㎡당 고토석회 100g을 전체에 뿌리고 잘 간다.

② 옮겨심기 1주 전
1㎡당 퇴비 2kg, 화성비료 100g을 주고 깊이 간다. 밑거름으로 주는 질소의 양이 많으면 열매를 잘 맺지 못하므로 주의한다.

두둑폭은 70~80㎝로 하고, 땅의 온도 상승과 잡초를 막기 위해 흑색 비닐로 바닥덮기 하면 생육이 촉진된다.

● 씨뿌리기
① 바로뿌리기
발아의 적정온도가 25~30℃로 고온이기 때문에 4월 하순부터 5월 상순에 씨를 뿌린다. 오크라의 씨앗은 껍질이 딱딱해서 하루 정도 물에 담갔다가 심어야 발아가 잘 된다.
포기간격은 30~50㎝로 씨앗을 5~6개 심고, 흙을 약 1㎝로 덮은 후 가볍게 눌러주고 물을 준다.

② 포트 파종
옮겨심기 하여 재배하는 경우, 씨앗을 하루 정도 물에 담갔다가 비닐포트에 4개씩 심는다.

● 솎아내기
바로뿌리기인 경우 본잎이 1~2장일 때 3포기, 본잎이 4장일 때 1포기만 남기고 솎는다.
포트 파종인 경우에는 떡잎이 벌어졌을 때 3포기, 본잎이 2~3장일 때 1포기만 남기고 솎는다.

옮겨심기

옮겨심기 하여 재배하는 경우, 옮겨 심을 때 포기가 덜 상하도록 어린 모종일 때 옮겨 심는다.

재배관리

● 웃거름
1회째는 수확하기 시작하면 준다. 1회 주는 양은 1㎡당 화성비료 60g(2움큼 정도)이다. 월 2~3회 준다.

● 잎따기
수확하기 시작하면 수확한 마디 아래의 잎을 1~2장 남기고 나머지는 모두 딴다. 이 작업으로 열매가 잘 열리고 통풍이 잘 되어 병해충도 적어진다.

열매채소 **Okra**

씨뿌리기
두둑폭 70~80cm, 포기간격 30~50cm로 씨앗을 5~6개씩 심는다. 흙을 약 1cm로 덮고 발아할 때까지 마르지 않게 주의한다

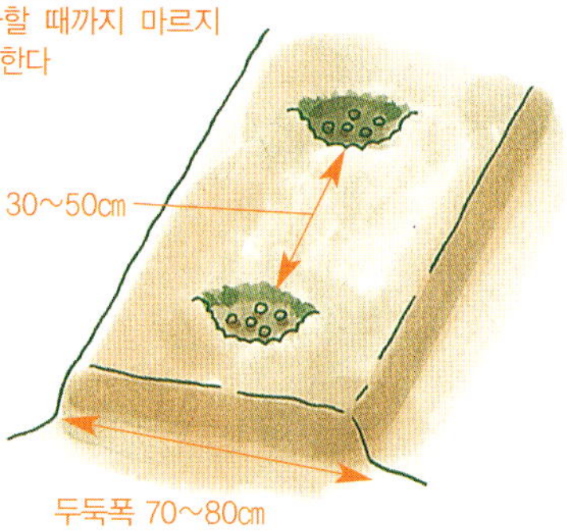

포기간격 30~50cm

두둑폭 70~80cm

솎아내기 ①
본잎이 1~2장일 때 3포기 남기고 솎는다

솎아낸다

솎아내기 ②
본잎이 4장일 때 1포기 남긴다

생육이 좋은 것 1포기만 남긴다

잎따기
아래쪽 잎들이 무성해지면 열매가 달린 잎과 바로 아래에 있는 잎 1장만 남기고, 그 아래의 나머지 잎을 따주어 햇빛이 잘 들게 한다

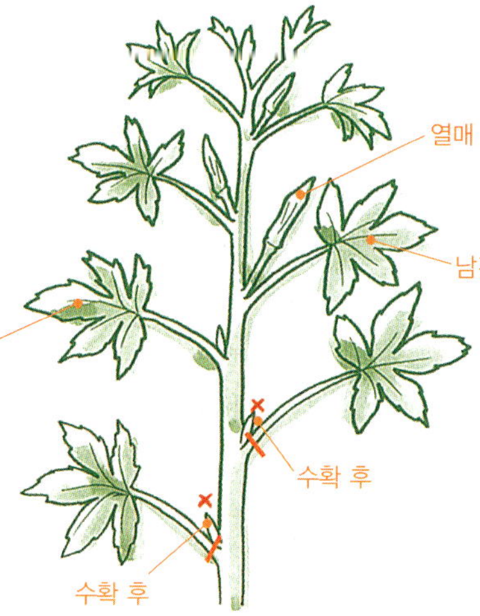

남긴다
남긴다
수확 후
수확 후
열매

수확
꽃이 핀 지 7일, 꼬투리가 7~10cm일 때 수확한다

7~10cm
가위로 수확

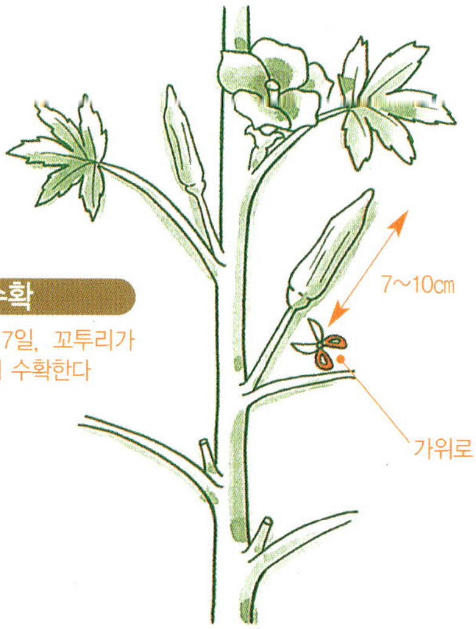

● **병해충 대책**

 뿌리혹선충의 피해가 많기 때문에 잎·뿌리채소류와 돌려짓기 하는 것이 좋다. 피해가 심하면 흙을 소독한다.
 진딧물이나 노린재·도둑벌레 등이 발생하면 DDVP 유제 등으로 빨리 없앤다.

 수확

 꼬투리 길이가 7~10cm일 때 수확한다. 꽃이 핀 지 7일 정도 지나면 어린 꼬투리를 수확한다.

채소의 꽃 중에서 가장 아름답다고 알려진 오크라꽃. 여름에 가냘픈 꽃이 핀다

채소별 재배방법
Corn

벼과

옥수수

옥수수는 미국이 원산인 벼과의 한해살이로, 줄기 끝에 수꽃, 줄기의 중간에 암꽃이 달리는 대표적인 암수딴꽃식물이다. 햇빛이 잘 드는 곳을 좋아하고, 생육 적정온도가 25~30℃로 고온성이다. 식용 옥수수는 크게 단옥수수·초당옥수수·찰옥수수 등의 풋옥수수와 튀김용 옥수수로 나뉜다. 장려품종으로는 단옥수수에 단옥2호, 초당옥수수에 초당옥1호, 찰옥수수에 찰옥1·2호, 튀김용 옥수수에 튀김옥1호가 있다. 키가 150~200㎝로 높기 때문에 정원 뒤쪽에 심으면 좋다.

 4월 중순~하순
흙 만들기

 6월 중·하순, 7월 상순
웃거름

 4월 하순~5월 중순
씨뿌리기

 7월 하순~8월 중순
수확

준비

● 흙 만들기

보리류와 마찬가지로 흙에 과잉 축적된 양분을 흡수하여 토지의 양분 환경을 개선해주기 때문에 청소작물(cleaning crops)로 알려져 있으며, 채소류의 돌려짓기에 많이 이용한다.

① 옮겨심기 또는 씨뿌리기 2주 전

1㎡당 고토석회 100g을 뿌려서 잘 간다.

② 옮겨심기 1주 전

1㎡당 퇴비 2kg, 화성비료 100g을 전체에 뿌려 흙과 잘 섞는다. 두둑폭을 1줄 뿌림에는 60㎝, 2줄 뿌림에는 75㎝로 하고, 포기간격을 30㎝로 한다.

● 씨뿌리기·옮겨심기

옥수수의 생육 적정온도는 25~30℃로 고온을 좋아하며, 늦서리를 맞으면 시들어버린다.

바로뿌리기는 4월 하순~5월 하순이 적기다. 바로뿌리기의 경우, 1군데에 씨앗을 3개씩 심는다. 열매를 잘 맺게 하려면 2줄로 뿌리는 것이 좋다. 다른 품종을 섞어 심으면 꽃가루가 교잡하여 품종의 특성이 나타나지 않을 염려가 있으므로 주의한다.

포트 파종은 4월 상순~중순에 씨를 빨리 뿌리는 것이 좋으며, 비닐포트에 씨앗을 2~3개 심어서 본잎이 3장일 때 옮겨 심는다.

재배관리

● 솎아내기·웃거름·북주기

발아하여 키가 약 10㎝가 되었을 때 2포기 남기고 솎은 후 가볍게 북주기 한다. 키가 20㎝가 되면 1포기만 남기고 솎아내며, 1㎡당 화성비료 30g을 포기 밑동에 주고 북주기 한다.

키가 약 50㎝이고 밑동에 곁눈이 생길 무렵, 다시 한번 같은 양의 웃거름을 주고 포기가 쓰러지지 않도록 북주기 한다. 곁눈은 딴다.

● 물주기

흙이 마르면 열매가 잘 자라지 않으므로 마르면 물을 듬뿍 준다.

● 병해충 대책

노린재·조명나방·진딧물에 칼탑 수화제 1000배액을 수염이 나올 무렵에 뿌린다.

수확

꽃이 피고 20~25일이면 수확한다. 열매 끝의 수염이 갈색이 되면 수확할 적기다. 수확한 날 바로 먹어야 맛있다.

열매채소 **Corn**

흙 만들기
책에서 설명한 방법 이외에, 밭에 석회를 뿌리고 갈아서 두둑폭 60cm에 깊이 약 15cm의 고랑을 파고, 안에 퇴비와 화성비료를 넣어도 좋다

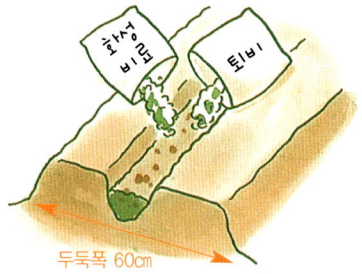
두둑폭 60cm

씨뿌리기
폭 75cm의 두둑에 2줄 뿌림. 씨 뿌릴 구멍을 파고 1군데에 씨앗 3개씩 심는다

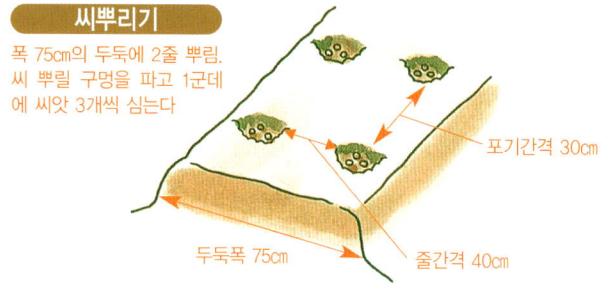
포기간격 30cm
두둑폭 75cm
줄간격 40cm

솎아내기 ❶
키가 10cm이면 2포기를 남기고 솎은 후 밑동에 가볍게 북주기 한다

수확
꽃가루받이를 한 후, 20~25일이 지나 수염이 갈색으로 변하면 수확할 시기다

처음에는 투명한 갈색이지만 수확할 때가 되면 짙은 갈색이 된다

열매가 익으면 차츰 옆으로 눕는다. 수확할 때에는 열매 밑부분을 칼로 자르거나 손으로 비틀어서 딴다

솎아내기 ❷
키가 20cm이 되면 1포기만 남기고 솎은 후, 웃거름으로 화성비료를 1m²당 30g 주고 북주기 한다

곁눈은 따준다

옥수수 끝에 있는 수염은 무엇일까?

한마디 메모

답은 암꽃술이다. 줄기 끝에 피어 있는 것은 수꽃이다.

옥수수는 꽃가루가 매우 많은 식물이다. 수염(암꽃술)에 붙은 꽃가루는 수염 속에 꽃가루관을 뻗어서 수염 속을 지나 수정한다.

수염의 아랫부분에서는 옥수수 열매(알)가 꽃가루의 도착을 기다리고 있다. 이렇게 수정하여 20~25일이 지나면 단맛의 옥수수가 된다.

수염 하나하나가 열매(알) 한 알 한 알과 연결되어 있다

채소별 재배방법
Pea

콩과

완두

콩류 중에서 추위에 강하며, 생육 적정온도가 15~20℃로 저온을 좋아한다. 크게 꼬투리용과 청실용으로 나뉘며, 대표적인 청실용 품종으로는 스파클·토마스락톤·알래스카 등이 있다. 국내에서 육성, 보급한 품종으로는 사철완두·대협완두·올완두 등이 있다. 덩굴성이며 하얗고 빨간 꽃이 아름다워서, 그물이나 지주에 감아 올려 정원 뒤쪽이나 배경으로 장식하면 좋다. 키가 낮고 덩굴성이 아닌 품종도 있다.

 지주 세우기 — 2월 중~하순
 웃거름 — 2월·3월·4월
 수확 — 4월 중순~6월 상순
 흙 만들기 — 10월 중순
 씨뿌리기 — 10월 하순~11월 상순

준비

● 흙 만들기
이어짓기에 약하고 산성흙에서 생육이 나쁘므로, 4~5년간 콩과 작물을 재배하지 않았던 곳을 골라서 석회질 비료로 산도를 조정한다.

① 씨뿌리기 2주 전
1㎡당 고토석회 150g을 뿌려서 잘 간다.

② 씨뿌리기 1주 전
1㎡당 퇴비 2kg, 화성비료 50g을 주고 흙과 잘 섞는다.

● 씨뿌리기·모종 기르기
완두는 월동하기 때문에 파종시기가 중요하다. 씨를 일찍 뿌려서 너무 크게 자라 한해를 입지 않도록 한다. 씨뿌리기는 10월 중순부터 11월 상순이 적기이며, 수확기는 다음 해 4~5월이다. 이어짓기 장해가 없도록 신경 써서 장소를 선택한다.

씨앗은 포기간격 30㎝로 1군데에 4~5개 심는다. 발아할 때 새들이 먹어서 피해를 입을 염려가 있으므로 바닥덮기하는 것이 좋다.

또한 비닐포트에 씨앗을 뿌려서 모종을 길러 옮겨 심는 방법도 있다. 이 경우에는 지름 9㎝의 포트에 씨앗을 4개 심고, 본잎이 2~3장이 되고 뿌리가 화분 구석구석까지 잘 뻗으면 포기간격을 30㎝로 하여 옮겨 심는다.

재배관리

● 솎아내기
발아하면 생육이 좋은 것을 3포기 남기고 나머지는 솎아준다.

본잎이 3~4장일 때 포기 밑동에 가볍게 북주기 하고 짚 등을 깔면 건조는 물론 추위도 막을 수 있다.

● 추위막이와 지주 세우기
12월 하순부터 2월까지가 가장 추울 때다. 서리나 북풍을 피하기 위해 두둑의 북쪽이나 서쪽에 조릿대를 세워 추위를 막는다. 부직포로 두둑을 덮어주어도 좋다. 2월이 되어 덩굴이 자라면 지주나 그물에 감아 올린다.

● 웃거름
2월에 1㎡당 화성비료 30g을 포기 밑동에 웃거름으로 주고 북주기 한다.

● 병해충 대책
봄에 잎에 그림을 그린 것 같은 잎굴파리의 애벌레 피해가 발견되면 파프 유제 1000배액을 뿌린다. 흰가루병에는 지오판 등을 뿌린다.

열매채소 **Pea**

씨뿌리기
씨앗을 포기간격 30cm로 1군데에 4~5개 심는다. 씨를 뿌린 후에 흙을 덮고 물을 준다

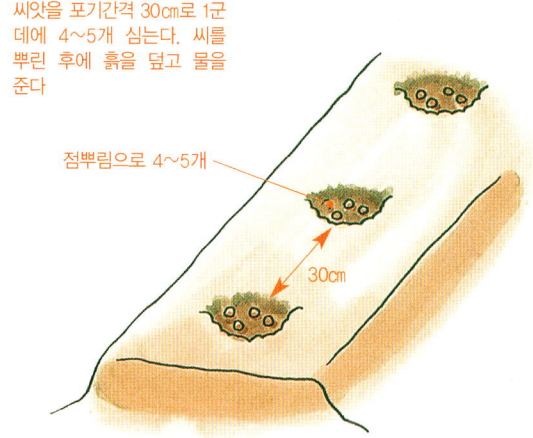

점뿌림으로 4~5개

30cm

새 피해를 막는다
발아할 때 새들이 먹어서 피해를 입을 염려가 있으므로 바닥덮기를 한다

솎아내기
발아하면 바닥덮기한 것을 걷어내고 1군데에서 생육이 좋은 것 3포기만 남기고 솎아낸다

솎아낸다

짚깔기
본잎이 3~4장일 때 북주기 하고 짚을 깔아주면 좋다

짚깔기

짚을 구할 수 없으면 부엽토를 깔아도 된다

북주기

🌱 수확

꼬투리완두는 열매가 부풀기 시작할 때가 수확 적기다. 스낵완두(스냅완두)는 콩깍지가 부풀어 올랐을 때, 그린피스는 꽃이 피고 35일이 지나 콩깍지의 표면에 작은 주름이 생겼을 때가 수확 적기다.

어린 덩굴이나 잎을 먹는 두묘(콩싹) — 한마디 메모

중국요리에 사용하는 두묘에 대해 알고 있나요? 이것은 완두의 콩싹으로, 비타민과 칼슘이 매우 풍부하다. 중국에서는 예전부터 고급 요리의 재료로 사용해 왔다.

두묘 재배법은 2가지다. 우선 빛이 없는 곳에서 발아시켜 10~15cm가 되었을 때 빛을 쬐여서 초록색의 새싹채소로 만드는 방법이다. 또 하나는 일반 꼬투리완두처럼 기르는데, 덜 익은 꼬투리가 아니라 끝쪽에 있는 약 10cm의 어린 덩굴이나 잎을 따서 채소로 이용하는 방법이다. 두 가지 모두 볶음이나 수프, 반찬 채소로 많이 쓰인다. 씹는 느낌은 시금치와 비슷하고 향기는 완두와 같다.

채소별 재배방법
Edible burdock

국 화 과

우엉

국화과의 곧은뿌리 채소. 식이섬유가 많은 건강채소로 다이어트에 효과적이다. 대부분이 일본 도입종이며, 뿌리 길이가 긴 종류로 용야천·도변조생, 뿌리 길이가 짧은 종류로 대포·추 등이 있다. 그밖에 날로 먹을 수 있는 샐러드용도 있다. 생육 적정 온도는 20~25℃로 온난한 기후를 좋아한다. 봄 파종 재배가 대부분이며 파종 적기는 4~5월이다. 키가 60~80cm이고 재배기간도 길기 때문에, 정원의 중간이나 가장자리에 심어서 기르면 좋다.

 흙 만들기 4월 중순
 웃거름 6월 중순
 수확 ~1월 중순
 씨뿌리기 4월~5월
 수확 10월 중순~

준비

● **흙 만들기**

이어짓기 장해(주로 선충류인 네마토다)를 피하기 위해 2~3년간 우엉을 재배하지 않은 곳이어야 한다. 토양 산도는 pH 6.5~7.5가 알맞으므로(7.0이 최적) 석회를 뿌려서 잘 조정한다. 퇴비는 불필요한 뿌리가 나오지 않도록 앞 작물을 재배할 때 미리 충분히 넣어준다.

씨뿌리기 2주 전에 고토석회를 1㎡당 200g 뿌리고, 우엉의 길이만큼 70~80cm 깊이로 잘 간다. 씨뿌리기 1주 전에는 화성비료를 1㎡당 100g을 뿌리고, 흙을 갈면서 잘 섞어 표면을 평평하게 고른다.

뿌리가 땅 속 깊이 자라기 때문에 되도록 깊이 갈아주어야 한다. 길이가 1m 이상 되는 품종도 있으므로, 갈이흙(경토, 농사짓기에 알맞은 땅)이 깊고 물이 잘 빠지는 곳을 고른다.

● **씨뿌리기**

4~5월이 적기다. 두둑폭 40~50cm, 포기간격 10~15cm로 하고, 1군데에 6~7개씩 씨를 뿌린다.

우엉 씨앗은 발아가 잘 안 되므로 하룻밤 물에 담갔다가 심는다. 또한 호광성(好光性)이므로 흙을 얇게 덮고 물을 흠뻑 준다.

재배관리

● **물주기**

발아할 때까지 건조하지 않게 주의하고, 발아 후에는 건조하면 물을 충분히 준다.

● **솎아내기·웃거름·북주기**

본잎이 1~2장일 때 2포기 남기고 솎는다. 솎아내기가 끝나면 화성비료를 1㎡당 30g 주고 가볍게 북주기 한다.

본잎이 3~4장일 때 1포기만 남기고 솎은 후 먼저 준 것처럼 같은 양의 웃거름을 주고 북주기 한다. 본잎이 5~6장일 때 다시 같은 양의 웃거름을 주고 북주기 한다.

● **병해충 대책**

진딧물은 메프 유제 1000배액을 뿌리며, 검은무늬세균병은 보르도제를 뿌려서 방제한다.

 수확

잎이 시들기 시작하는 12월경이 수확 적기이지만, 10월 하순부터 시작해서 3월까지 수확할 수 있다. 파낼 때 삽을 이용하는데 우엉 전용의 수확 도구도 있다. 뿌리 지름이 약 1cm인 어린 우엉도 먹을 수 있다.

뿌리채소 *Edible burdock*

씨뿌리기
4~5월이 적기다. 두둑폭 40~50㎝, 포기간격 10~15㎝로 1군데에 6~7개씩 씨를 뿌린다

수확
잎이 시들기 시작하는 12월 경이 수확 적기다. 10월 하순부터 어린 우엉을 파내기 시작한다(3월까지 가능)

솎아내기
본잎이 1~2장일 때 2포기, 본잎이 3~4장일 때 1포기를 남기고 솎는다. 화성비료를 주고 북주기 한다. 본잎이 5~6장일 때 다시 같은 양의 웃거름을 주고 북주기 한다

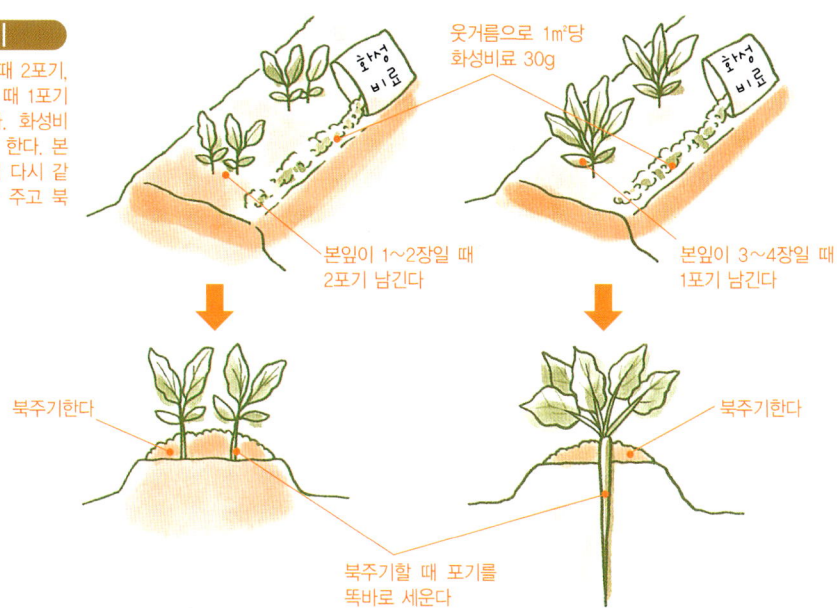

상처가 나지 않게 포기에서 충분히 떨어져 수직으로 되도록 깊게 판다

삽으로 뿌리가 상하지 않게 세로로 구멍을 파고 수확한다. 전용 수확기구도 있다

샐러드우엉으로 다이어트

한마디 메모

　우엉은 식이섬유가 많아서 몸 속의 나쁜 노폐물을 몸 밖으로 잘 배출시키는 대표적인 건강채소이다. 그러나 뿌리 길이가 보통 70~80㎝이므로 채소정원을 준비하거나 수확할 때 힘이 많이 든다. 이런 단점을 해결하여 일본에서는 다이어트에 좋은 샐러드우엉이나, 날로 먹을 수 있는 샐러드무스메 등이 나와 있다. 씨를 뿌리고 100일이 지나면 수확할 수 있고, 뿌리 길이가 짧기 때문에 수확할 때 힘이 덜 든다. 직접 기른 우엉으로 다이어트도 하고, 건강도 함께 지키자.

수확하기 쉬운 길이 약 30㎝의 샐러드우엉

명아주과

적근대

근대와 같은 종류이며, 발아 적정온도가 25~28℃로 비교적 고온이다. 더위에 매우 강하며, 가정 텃밭에서는 시금치가 많이 나지 않는 여름에 대신 사용하기에 좋다. 잎과 잎자루의 색이 아름답고 화려하며, 봄부터 가을까지 오래도록 채소정원을 아름답게 꾸며주는 대표적인 채소이다. 나물 등으로도 이용하지만, 어린잎은 샐러드로 좋다. 햇빛이 잘 드는 곳을 좋아하며, 물은 건조할 때 흠뻑 준다. 병해충이 비교적 생기지 않기 때문에 무농약으로도 충분히 기를 수 있다.

봄 파 종	3월 하순~5월 하순		5월 하순~7월 하순
	흙 만들기	4월 상순~6월 상순	수확
		씨뿌리기	
여름파종	6월 하순~8월 하순		8월 중순~10월 하순
	흙 만들기	7월 상순~9월 중순	수확
		씨뿌리기	

 ## 준비

● 흙 만들기
햇빛이 잘 드는 곳이 좋다. 심을 장소를 신중히 고른다.
① 씨뿌리기 2주 전
1㎡당 고토석회 150~200g을 뿌려서 잘 간다.
② 씨뿌리기 1주 전
1㎡당 퇴비 2kg, 화성비료 100g을 정원 전체에 뿌리고 흙과 잘 섞는다.

● 씨뿌리기
봄 파종은 4월 상순~6월 상순, 여름 파종은 7월 상순~9월 중순이 적기다. 산성흙에서는 발아가 나쁘므로 주의한다. 표면을 평평하게 만들어서 줄간격 20~30㎝로 줄뿌리기한다. 씨앗간격은 1~2㎝로 하고, 흙을 약 1㎝ 덮은 후 물을 충분히 준다.

 ## 재배관리

● 물주기
발아할 때까지 신경 써서 건조해지지 않게 물을 준다.

● 솎아내기
씨앗이 2~3개씩 모여 있으므로 발아 후에 2~3회 솎으면서 기른다. 첫 번째 솎아내기는 본잎이 펴졌을 때 3~4㎝ 간격으로 솎는다.
큰 포기로 기를 경우에는 본잎이 2~3장일 때 포기간격을 8~10㎝로 솎아주고, 마지막으로 본잎이 5~6장일 때 포기간격을 20㎝로 솎는다. 솎은 것은 샐러드 등에 넣어 먹는다.

● 웃거름 · 북주기
생육 상태를 보면서 웃거름으로 화성비료를 1㎡당 약 30g을 주고, 사이갈이를 겸해서 가볍게 북주기를 한다. 병해충이 적으므로 무농약으로도 충분히 기를 수 있다.

 ## 수확

수확 방법은 소송채나 시금치처럼 키 20~30㎝일 때 통째로 수확하는 방법과, 크게 자란 아랫잎을 따주는 잎따기 방법이 있다.
봄 파종은 50~60일, 여름 파종은 30~40일 지나면서부터 수확할 수 있다.
또한 어린잎을 따서 샐러드를 만들면 색이 매우 화려하다.

잎채소 **Swiss Chard**

씨뿌리기
정원 표면의 흙을 평평하게 고르고 씨앗을 줄간격 20~30㎝로 줄뿌리기 한다

솎아내기
20~25㎝의 길이로 수확하려면 본잎이 펴졌을 때 3~4㎝ 간격으로 솎는다

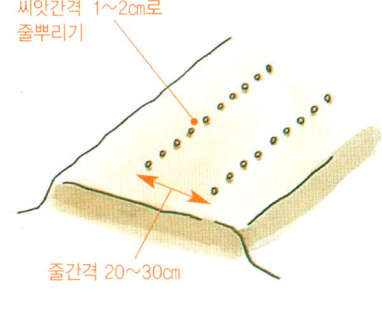
씨앗간격 1~2㎝로 줄뿌리기
줄간격 20~30㎝

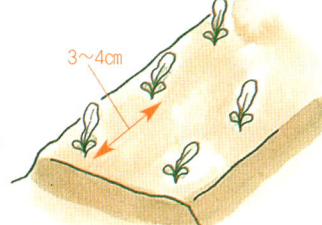
3~4㎝

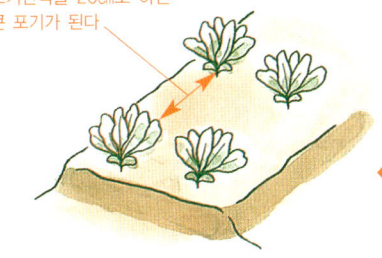
포기간격을 20㎝로 하면 큰 포기가 된다

수확❶
키가 20~30㎝로 자라면 전부 수확한다

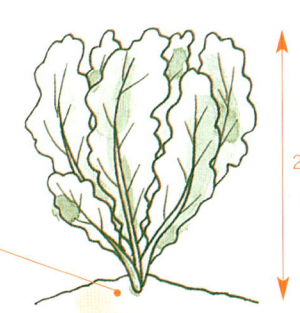
20~30㎝
포기째 수확할 때에는 땅 표면에 가깝게 밑동을 칼로 자른다

수확❷
크게 키워서 잎따기 수확을 할 경우에는 겉잎부터 딴다

겉잎부터 차례로 따서 수확한다

레인보가든 Rainbow Garden 을 만들자

한마디 메모

바구니에 수확한 가지·피망·토마토·적근대·주키니호박·허브 등을 가득 담아 놓으면 매우 화려한 색으로 마치 무지개처럼 보인다. 실제로 이런 다양한 색으로 구성하는 화려한 레인보가든을 만들 수 있다.

예를 들어 빨강은 토마토·적근대·비트, 주황색은 해바라기·잇꽃, 노랑은 마리골드·골든세이지·국수호박, 초록색은 피망·바질·타임·파슬리·캐모마일, 보라색은 아티초크·가지·다크오팔바질·보리지 등을 이용하여 만든다.

수확한 것을 모아놓았을 때 그 아름다움이 돋보이는 정원이다.

여러 가지 색의 열매채소와 잎채소를 수확하여 화려한 색의 조화를 즐겨보자

채소별 재배방법
Qing gin cai

배추과

청경채

잎모양이 계란을 거꾸로 세워놓은 듯하며, 잎자루가 파랗고 곧게 선 모습이 귀엽다. 봄·가을 파종은 45~50일, 여름 파종은 35~40일이면 수확할 수 있다. 기온은 20℃ 전후가 최적 온도. 키가 20~30㎝이므로 정원 앞쪽에 심는다. 중국채소인 박초이·다채 등도 청경채와 같은 방법으로 기른다. 3종류의 씨앗을 섞어서 심는 것도 채소정원만의 즐거움이다.

 3월 하순~4월 상순
흙 만들기

 4월 하순·5월 중순
웃거름

 5월 하순~11월 중순
수확

 4월 상순~10월 상순
씨뿌리기

준비

● 흙 만들기
재배 장소를 고를 때 배추과 채소(소송채·순무·배추·양배추·브로콜리 등)의 이어짓기가 되어 뿌리혹병이 발생하지 않도록 주의한다.

① 씨뿌리기 2주 전
  고토석회를 1㎡당 100~150g을 뿌려서 잘 간다.

② 씨뿌리기 1주 전
  1㎡당 퇴비 2kg, 화성비료 100g을 뿌려서 흙과 잘 섞은 후 표면을 평평하게 고른다.

● 씨뿌리기
4월 상순부터 10월 상순까지 언제든지 씨를 뿌릴 수 있다. 더위와 병에 강하고 토양에 대한 적응력도 높기 때문에 혹한기를 제외하면 1년 내내 재배할 수 있다.

초봄 재배에서는 저온 때문에 꽃눈이 분화하여 추대할 염려가 있으므로 주의한다.

씨앗은 줄간격 15~20㎝로 줄뿌리기 하거나, 포기간격 15㎝로 4~5개씩 점뿌리기 한다.

건조에 약하므로 흙을 덮고 물을 흠뻑 준다.

재배관리

● 물주기
발아할 때까지 건조해지지 않도록 물주기에 신경을 쓴다. 발아한 후 건조해지면 물을 흠뻑 준다.

● 솎아내기·웃거름
본잎이 1~2장일 때 3~4㎝, 본잎이 3~4장일 때 6~8㎝, 본잎이 5~6장일 때 15㎝ 간격으로 솎아낸다. 솎은 청경채는 샐러드나 된장국 등에 이용한다.

솎은 후에는 생육 상태를 보아가면서 줄 사이에 화성비료를 조금씩 주고, 사이갈이를 겸하여 밑동에 가볍게 북주기 한다.

● 병해충 대책
배추좀나방이나 배추벌레의 애벌레 피해가 심하고, 진딧물도 1년 내내 발생하므로 주의한다. 특히 해충이 생기기 쉬운 여름철에는 한랭사 등을 터널처럼 덮어주면 효과적이다.

또한, 배추좀나방이나 배추벌레의 애벌레 등에는 안전한 생물농약인 BT제를 뿌린다. BT제는 바실루스 투린겐시스균의 독소를 추출하여 만든 것으로, 배추벌레의 애벌레나 배추좀나방류 이외의 생물에는 해가 없다.

진딧물에는 DDVP 유제나 말라티온 유제를 뿌린다.

잎채소 **Qing gin cai**

씨뿌리기

줄간격 15~20㎝로 줄뿌리기 한다. 또는 포기간격 15㎝로 4~5개씩 점뿌리기 한다. 흙을 덮은 후 물을 충분히 준다.

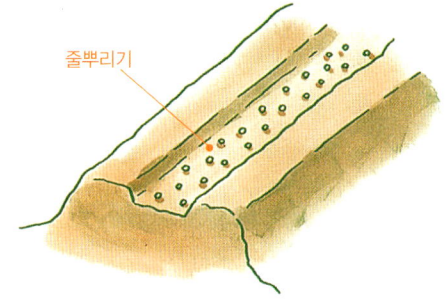
줄뿌리기

솎아내기

포기간격을 본잎이 1~2장일 때 3~4㎝, 본잎이 3~4장일 때 6~8㎝, 본잎이 5~6장일 때 15㎝로 솎는다

본잎이 1~2장
3~4㎝ 3~4㎝

생육이 좋은 것을 남긴다
본잎이 3~4장
6~8㎝

본잎이 5~6장
약 15㎝

웃거름

솎아낸 후에는 생육상태를 보아가면서 1㎡당 화성비료 30g을 포기 사이에 주고 가볍게 북주기 한다

비료는 포기 사이에 준다

북주기 할 때에는 포기를 똑바로 세우고 흙을 쌓는다
북주기
북주기 하지 않으면 포기가 쓰러지거나 생육이 나빠질 수 있다

수확

키가 15~20㎝이고 밑동이 불룩한 것부터 차례로 수확한다. 너무 커지면 품질이 떨어진다.

미니청경채는 어릴 때 수확하여 이용한다.

미니채소는 어떤가요?

한마디 메모

청경채는 대표적인 중국채소로 보통 키가 15~20㎝이면 수확하는데, 재배하기 쉽고 키가 10~15㎝이면 수확하는 미니청경채도 있다. 어리기 때문에 통째로 사용할 수 있고 조리시간이 짧아서 더욱 좋다.

일본의 경우 미니호박·미니무·미니배추·미니당근 등 미니채소들이 다양하게 개발되어 시판되고 있으며, 우리나라에서도 미니당근을 요리에 많이 이용하고 있다.

미니채소를 컨테이너에 모아심기 해서 식탁을 장식하여 보는 즐거움과 먹는 즐거움을 함께 느껴보자.

천남성과

토란

토란은 열대지방이 원산이기 때문에 생육의 적정온도가 25~30℃로 고온을 좋아하며, 햇빛이 잘 들고 비가 많은 환경에 알맞다. 재배 품종은 재래종이 대부분이며, 잎자루를 토란줄기로 이용하기도 한다. 건조하면 토란이 잘 굵어지지 않는다. 검정 비닐로 바닥덮기하면 땅의 온도를 높이고 잡초를 뽑는 수고를 덜 수 있어서 편리하다(광분해로 흙이 되는 비닐도 있다). 키가 1m 이상이므로 정원 뒤쪽에 심는 것이 좋다. 또한 화분재배 하여 커다란 잎을 관엽식물로 즐길 수 있으며, 수경재배도 가능하다.

 4월 상순
흙 만들기

 5월~8월(월 1회)
웃거름

 4월 중순~5월 중순
아주심기

 10월 하순~11월 중순
수확

준비

● 흙 만들기

이어짓기 장해를 막기 위해 3~4년간 토란을 재배하지 않았던 곳을 고른다. 아주심기 1주 전에 1m²당 고토석회 100g을 뿌려서 잘 간다.

아주심기

4~5월에 심는다. 씨토란은 원예점 등에서 약 50g 되는 것을 구입한다.

깊이 10~15cm의 고랑을 파고, 포기간격을 40cm로 하여 싹이 위로 향하게 심는다.

토란과 토란 사이에 퇴비 2kg과 화성비료 1움큼(약 30g)을 주고 흙을 5~6cm 덮는다.

재배관리

● 웃거름 · 북주기

싹이 나오면 8월까지 월 1회, 1m²당 화성비료 30g을 웃거름으로 주고 북주기 한다.

북주기는 한 번에 많이 하면 토란의 수가 적어지므로 1회째는 높이 약 5cm, 2회째부터는 약 10cm로 두둑을 서서히 높인다.

● 물주기

건조하면 토란의 수확량이 적어지므로 물주기를 신경 써서 잘 주어야 한다. 또한, 짚깔기나 바닥덮기도 효과가 크다.

● 병해충 대책

특별한 병해충은 없는데 진딧물이 많이 생기므로 말라티온 유제 1000배액을 뿌려서 방제한다.

또한, 물을 뿌릴 때 잎 뒷면을 샤워하듯이 씻어주면 진딧물이 적어진다.

수확

조기 수확은 9월 중순부터 생육상태를 보면서 한다.

10월 하순부터 11월 중순이 수확 적기다. 서리가 내리기 전에 수확한다. 지상부를 잘라내고 토란에 상처가 나지 않도록 조심스럽게 파낸다.

씨토란을 저장하려면 땅 속에 깊이 약 50cm의 구멍을 파고 묻는다. 잎자루는 껍질을 벗겨서 말리면 토란줄기로 이용할 수 있다.

뿌리채소 **Taro**

아주심기

두둑을 폭 90~100cm로 만들어 가운데에 깊이 15cm의 고랑을 파고, 포기간격 40cm가 되게 씨토란을 심는다

씨토란과 씨토란 사이에 퇴비와 화성비료를 준다. 퇴비는 2kg, 화성비료는 1움큼(약 30g)을 준다

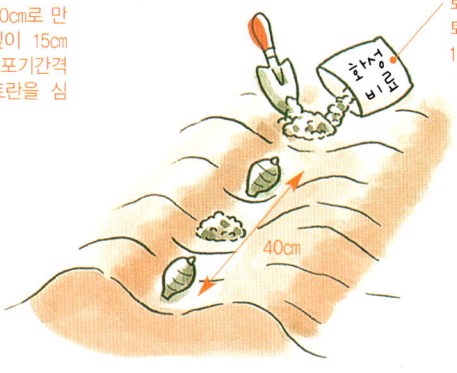

흙을 약 5cm 덮는다

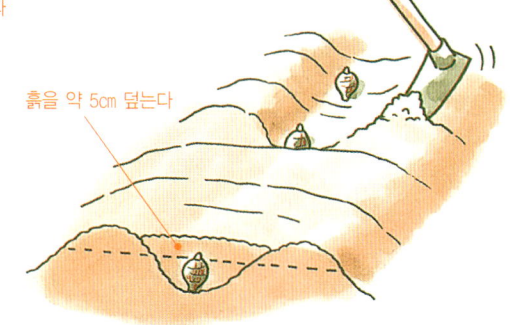

웃거름·북주기

발아하면 6·7·8월에 월 1회, 1㎡당 화성비료 30g을 웃거름으로 주고 북주기 한다

1㎡당 30g을 준다

퇴비를 묻듯이 포기 밑동에 북주기 한다. 자식토란의 싹도 덮는다

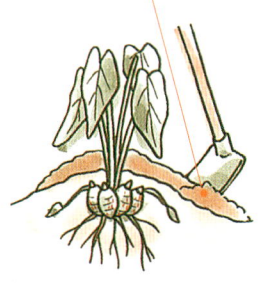

수확

땅 윗부분을 자르고, 토란에 상처가 나지 않도록 조심스럽게 파낸다

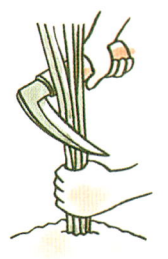

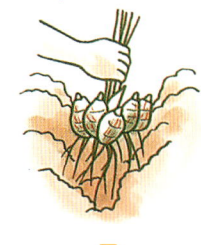

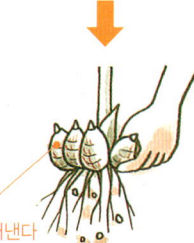

토란을 1개씩 떼어낸다

토란을 관엽식물로 즐기자

한마디 메모

토란은 자라면 키가 1m 이상 되므로 정원 뒤쪽에 심는데, 과감하게 화분에 심어서 관엽식물로도 감상할 수 있다. 현관 앞이나 정원의 한 모퉁이에 두면 크고 긴 잎 때문에 시원한 느낌이다. 잎자루가 빨간 품종은 정원을 더욱 화사하게 만든다.

화분에 심는 경우, 흙을 많이 넣어서 토란이 생길 공간을 만들어주면 가을에 자식토란을 맛볼 수 있다.

땅에 심는 경우에는 밑동에 북주기 하고 물을 흠뻑 주어 기른다. 서리가 내릴 때까지 잎이 무성하다.

시원한 느낌의 둥글고 큰 토란잎

가지과
토마토 · 방울토마토

추천하고 싶은 것은 열매가 작은 방울토마토이다. 주요 품종으로 비교적 바이러스에 강한 다다기·홍초롱, 열매터짐에 강한 주옥, 당도가 높고 맛이 좋은 토토, 재배하기 쉬운 아라리 등이 있다. 대표적인 외국 품종으로는 미니캐롤·코코·산체리 등이 있다. 새빨간 열매는 여름정원의 주역이 된다. 높이 약 2m로 자라기 때문에 정원 뒤쪽에 심거나 배경으로 이용하면 좋다. 화분에 심거나 정원의 가장자리를 꾸미기에 알맞은 높이 약 15cm의 '레지나'도 수입, 판매되고 있다. 3~4년간 가지과 채소를 재배하지 않았으며, 햇빛이 잘 들고 물빠짐이 좋은 장소를 찾는다.

방울토마토	흙 만들기: 4월 중순	옮겨심기: 4월 하순~5월 상순	지주 세우기: 5월 중순	웃거름: 6월 상순~8월 하순(2주 간격)	수확: 6월 하순~10월 상순
토마토	흙 만들기: 4월 중순	옮겨심기: 4월 하순~5월 상순	지주 세우기: 5월 중순	웃거름: 6월 상순~8월 상순(10일 간격)	수확: 7월 상순~8월 하순

준비

● 흙 만들기
토마토는 뿌리가 깊이 1m, 폭 2~3m로 자라므로 땅을 깊게 갈고, 물이 잘 빠지게 해야 한다. 옮겨심기 2주 전에 1㎡당 고토석회 150g을 뿌려서 잘 간다. 1주 전에는 1㎡당 퇴비 4kg, 화성비료 100g, 용성인비 50g을 뿌린다.

● 모종 기르기
모종은 일반적으로 구입해서 사용한다. 씨를 뿌려서 옮겨심기에 알맞은 모종으로 기르기까지 약 70일이란 긴 시간이 필요하다. 역으로 계산하면 2월 중·하순의 저온기에 씨를 뿌려야 하므로 관리가 어렵다. 꼭 재배하고 싶은 품종이 있으면 씨앗을 뿌려서 길러보는 것도 좋다. 파는 모종은 보통 작으니까(포트 지름 9cm) 구입해서 지름 12cm의 포트에 옮기고, 첫 번째 꽃이 필 때까지 잘 관리한다. 접나무모를 구입하면 이어짓기 장해를 줄일 수 있다.

옮겨심기
원산지의 영향으로 비교적 시원하고 건조한 기후를 좋아하므로, 햇빛이 잘 들고 물빠짐이 좋은 장소를 고른다.
늦서리 걱정이 없는 4월 하순~5월 상순에 옮겨 심는다. 포기간격을 45~50cm로 하며, 이 때 꽃이 통로를 향하게 심으면 관리와 수확 모두가 편리하다. 모종이 뿌리를 내리면 지주를 세운다.

재배관리

● 지주 세우기
지주는 똑바로 세우는 직립식이 간단하다. 또한 3개의 지주를 이용하여 피라미드 모양으로 엮어서 세우는 것도 보기 좋다.

● 가지 고르기·유인
모종이 뿌리를 내리고 활발하게 자라면 잎이 달린 부분에서 곁눈이 왕성하게 나온다. 토마토는 이런 곁눈을 모두 따서 원가지에만 열매가 달리도록 1줄기로 재배한다. 곁눈을 따면 열매가 크게 자라고, 햇빛과 통풍이 좋아지며 병해충도 적다.
꽃송이 바로 밑에 있는 곁눈을 딴 후에는 끈을 이용하여 줄기를 지주에 8자로 묶는다. 이것을 유인이라고 하며, 매주 1번씩 해준다.
대개 5~6번째 단에서 순지르기 하는데 그 위에서 순지르기를 해도 괜찮다. 방법은 맨 마지막 꽃송이 위에 있는 잎 2장을 남기고 자른다.

열매채소 **Tomato**

지주 세우기

직립식(1줄 심기)
180cm의 플라스틱이나 대나무 지주를 밑동에서 약 10cm 떨어진 곳에 땅 표면과 수직으로 세운다. 두둑과 평행이 되게 막대를 가로지르고 끈으로 묶어서 보강한다. 모종은 2, 3군데를 유인한다.

유인

줄기를 지주에 8자로 묶는다. 지주에는 꼭 맞게, 줄기에는 여유 있게 감아서 묶는다

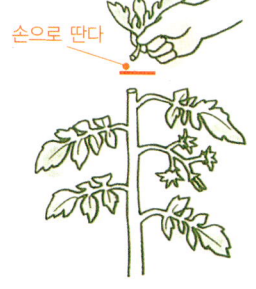

곁눈따기

성장하는 동안 잎이 달린 부분에서 나오는 곁눈을 모두 따서 원가지를 1줄로 만든다. 손으로 따거나 깨끗한 가위로 자른다

원가지 순지르기

7월 중순에 원가지의 끝을 순지르기한다. 5~7단째에 있는 꽃송이의 꽃이 피기 시작하면 꽃송이 위의 잎 2장을 남기고 자른다

● **웃거름**

토마토와 같은 열매채소류는 영양생장과 생식생장이 균형을 이루는 것이 중요하다. 예를 들어, 질소비료가 너무 많으면 줄기와 잎만 무성하고 열매를 맺지 못한다.

웃거름은 첫 번째 꽃송이와 세 번째 꽃송이의 열매가 크게 자랐을 때 2회 주는 것이 기준이며, 이후에는 생육상태를 보면서 준다. 포기 밑동에 화성비료를 1㎡당 30g 주고 가볍게 북주기 한다.

● **병해충 대책**

역병에 코퍼설페이트베이직 400배액이나 타로닐 1000배액을 뿌린다. 진딧물에는 DDVP 또는 파프 1000배액을 뿌린다.

수확

꽃이 피고 45~60일이면 착색이 된다. 방울토마토는 7월 하순부터 10월 상순까지 오래 즐길 수 있다. 새빨갛게 익은 것부터 차례로 수확한다.

토마토의 색소는 카로틴과 리코펜이라는 비타민A. 대표적인 녹황색 채소이다. 채소정원에서는 새빨갛게 익은 토마토를 수확하여 건강함을 맛보자.

백합과
파 (쪽파·잎파)

파는 겨울철의 찌개나 전골요리에 빠지지 않는 양념으로 전국에서 재배된다. 파에는 대파·쪽파·잎파 등이 있는데, 대파는 북주기 하여 잎 부분을 하얗고 길게 키워서 (연백재배) 수확하며, 쪽파나 잎파는 주로 잎부분을 수확한다. 채소정원의 작물로 주목받는 것은 파의 독특한 생김새 때문이다. 위로 곧게 자라는 잎은 다른 채소에서는 볼 수 없는 특징으로, 상추류 사이에 쪽파를 심어서 입체감을 주거나, 정원의 가장자리에 심어서 색다른 느낌을 준다.

쪽파

 7월 하순 — 흙 만들기
 10월 하순~11월 상순 — 웃거름
  8월 상순 — 아주심기
 11월 중순~ — 수확

준비

● 흙 만들기
① 아주심기 2주 전
  고토석회를 1㎡당 100g 뿌리고 잘 간다.
② 아주심기 1주 전
  1㎡당 퇴비 2kg, 화성비료 100g을 뿌려서 흙과 잘 섞는다.

● 씨뿌리기
잎파는 씨앗부터 키울 수 있다. 3월 하순부터 4월 상순에 줄뿌리기 하고 흙을 덮어서 살짝 눌러주며, 부엽토를 뿌리고 물을 충분히 준다. 발아하면 2회 정도 솎아서 포기간격이 약 3㎝가 되게 한다. 웃거름은 월 1회, 화성비료를 1㎡당 약 30g준다.

아주심기

처음 재배하면 종묘상에서 모종이나 씨알을 구입한다.
· **잎파** : 7월 중순부터 하순에 깊이 5~10㎝의 고랑을 파고 15㎝ 간격으로 3포기씩 모아 심는다.
· **쪽파** : 두둑을 폭 30㎝로 만들어서 흙 표면을 평평하게 고르고, 15~20㎝ 간격으로 2알씩 심는다. 옮겨 심는 적기는 7월 하순~9월 상순이다.

재배관리

● 웃거름
잎파는 옮겨 심은 후 1개월마다 화성비료를 1㎡당 30g 주고 살짝 북주기 한다. 파는 북주기만 해도 하얀 부분이 많아진다.

쪽파는 월 2회, 화성비료를 1㎡당 30g 주고 살짝 북주기 한다.

● 병해충 대책
노균병·녹병·검은무늬병 등의 방제에는 만코지 수화제 400~600배액을 뿌린다. 잎굴파리나 총채벌레에는 다수진 유제 1500배액을 며칠 간격으로 뿌린다.

수확

· **잎파** : 포기가 커지면 차례로 뽑아서 수확한다.
· **쪽파** : 키가 20~30㎝가 되면 밑부분을 3~4㎝ 남기고 베어낸다.

수확 후에는 웃거름으로 화성비료를 조금 주고, 물을 주거나 액체비료를 주어 새잎이 잘 나오게 한다. 액체비료를 주면 새잎이 나오기 때문에 반년 동안 수확할 수 있다.

잎채소 Shallot, Welsh onion

쪽파 아주심기

적기는 7월 하순~9월 상순. 종묘상에서 씨알을 구입한다. 두둑 표면을 평평하게 만들어 15~20cm 간격으로 2알씩 심는다

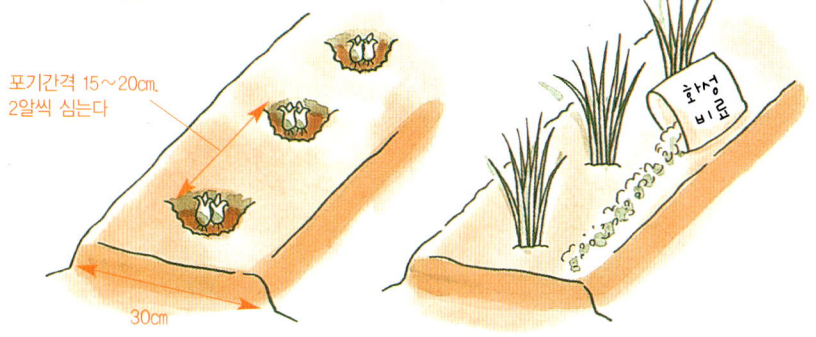

쪽파 웃거름

월 2회, 화성비료를 1m²당 30g 주고 밑동에 북주기 한다

쪽파 수확

키가 20~30cm가 되면 밑부분을 3~4cm 남기고 베어서 수확한다. 수확하고 남은 부분에 액체비료나 화성비료를 주면 새싹이 나와서 반년 동안 여러 번 수확할 수 있다

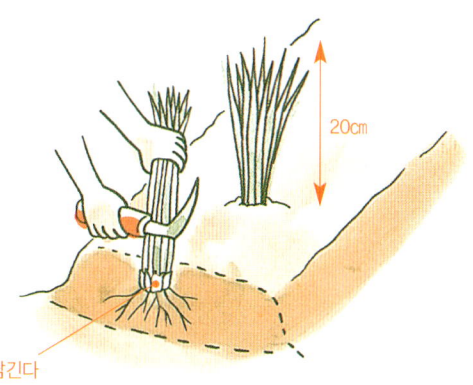
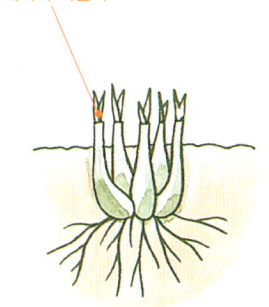

파 종류를 심어서 정원에 포인트를 준다

한마디 메모

파의 특징은 곧게 선 잎모양이다. 이런 특징을 채소정원에 잘 이용해야 한다. 파 종류로는 대파·양파·쪽파·잎파·염교·마늘·꽃부추·부추 등이 있다. 모두 위로 곧게 자라기 때문에, 채소와 채소의 경계식물 또는 가장자리를 장식하기에 가장 알맞은 소재다. 파 종류를 잘 이용하면 자신만의 독창적인 디자인을 지닌 채소정원을 꾸밀 수 있다.

박과 채소의 밑동에 심으면 이어짓기 장해인 덩굴쪼김병을 막을 수도 있다. 농약을 사용하지 않고 병해충 방제가 가능한 식물을 컴패니언플랜트(혼작물)라고 하는데, 파가 그 대표적인 작물이다. 파 종류에는 씨앗부터 기르는 것(파·잎파·양파·부추 등)과 알뿌리를 이용하여 기르는 것(쪽파·염교·마늘 등)이 있으므로 종묘상 등에서 적기에 구입해보자.

잎상추 사이의 잎파

미나리과
파슬리

품종은 잎의 주름모양에 따라 축엽종과 평엽종으로 나뉘는데, 국내에는 주로 축엽종인 파라마운트가 나와 있다. 유럽에서는 이탈리안파슬리라는 평엽종이 주류를 이룬다. 비교적 재배하기 쉬워서 햇빛이 잘 들고 물빠짐과 통기성이 좋으면 잘 자란다. 생육 적정온도는 15~20℃이다. 3월에 씨를 뿌려서 5월에 옮겨 심은 후 7월부터 수확하는 봄 파종 재배와, 5월에 씨를 뿌려서 모종 상태로 더운 시기를 보내고 10월경부터 수확하는 초여름 파종 재배가 일반적이다. 20~30cm로 키가 낮고 오랜 기간 수확할 수 있으므로, 정원 가장자리나 앞쪽에 심으면 알맞다.

- 씨뿌리기: 3월 하순~5월 중순
- 흙 만들기: 5월 하순~6월 상순
- 옮겨심기: 6월~7월
- 수확: ~5월 상순
- 웃거름: 7월 중순~(월 1·2회)
- 수확: 7월~

준비

● 씨뿌리기·모종 기르기

초보자라면 종묘상에서 파슬리 모종을 구입하여 심는 것이 좋다. 직접 기르고 싶은 품종이 있으면 씨뿌리기부터 시작한다. 발아까지 10일 이상 걸리고 초기 생육이 느리기 때문에 포트 등에 씨를 뿌려서 기르는 편이 낫다.

씨를 뿌리는 경우, 3~5월에 지름 6~7.5cm의 비닐포트에 씨앗을 8~10개 뿌린다. 씨앗이 호광성(好光性)이므로 흙을 얕게 덮고, 발아할 때까지 건조하지 않게 주의한다. 발아 적정온도는 20~23℃이다. 씨를 뿌리는 경우에 초기 생육이 느리고 모종을 기르는 기간도 70일 정도 걸리므로, 물 대신 액체비료를 주어 비료가 부족하지 않게 한다.

● 흙 만들기와 옮겨심기

① 옮겨심기 2주 전

고토석회를 1㎡당 100g 뿌린다. 뿌리가 곧은뿌리라서 깊게 뻗는 성질이 있으므로 밭을 깊이 간다.

② 옮겨심기 1주 전

1㎡당 퇴비 2kg, 화성비료 100g을 정원 전체에 뿌리고 흙과 잘 섞는다. 옮겨 심을 때에는 표면을 평평하게 만들어서 포기간격을 20cm로 심는다.

재배관리

● 물주기

포트 파종인 경우에 발아할 때까지 건조하지 않도록 주의한다. 여름철에 건조해지므로 옮겨 심은 후에는 신경 써서 물을 준다.

● 솎아내기

초기 생육이 느리기 때문에 옮겨심기에 알맞은 모종(본잎 5~6장)이 되기까지 약 70일이 걸린다.

포트 파종인 경우 본잎이 2~3장일 때 3포기, 본잎이 4~5장일 때 2포기를 남기며, 옮겨 심고 수확 전까지 1포기만 남긴다.

● 웃거름·북주기

모종을 기르는 기간이 길기 때문에 직접 씨를 뿌려서 기를 경우, 씨를 뿌리고 1개월 후부터 물 대신 액체비료 500~1,000배액을 주 1회 준다. 초기 생육이 느리므로 비료가 부족하지 않도록 주의한다.

정원에 옮겨 심은 후에는 월 1~2회, 1㎡당 화성비료 30g을 포기 밑동에 주고 가볍게 북주기 한다.

짚을 깔면 잘 건조해지지 않고 생육도 좋아지며, 잡초 뽑기를 안 해도 된다.

잎채소 **Parsley**

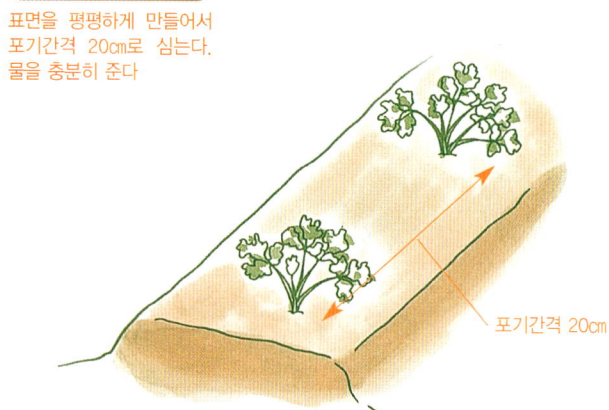

옮겨심기
표면을 평평하게 만들어서 포기간격 20cm로 심는다. 물을 충분히 준다

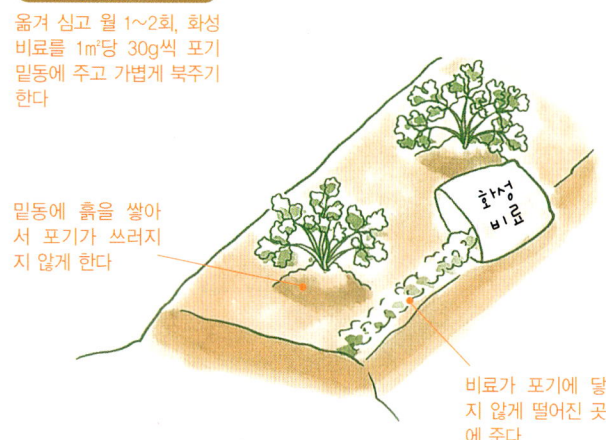

웃거름
옮겨 심고 월 1~2회, 화성비료를 1m²당 30g씩 포기 밑동에 주고 가볍게 북주기 한다

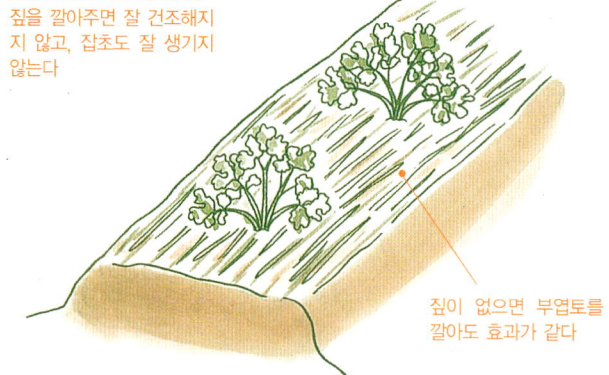

짚깔기
짚을 깔아주면 잘 건조해지지 않고, 잡초도 잘 생기지 않는다

수확
본잎이 15장 이상인 큰 포기가 되면 수확한다. 1회 수확량은 1포기당 2~3잎

● **병해충 대책**
산호랑나비나 진딧물에는 DDVP 1000배액, 흰가루병에는 탄산수소칼륨제 800배액을 뿌린다.

 수확

본잎이 15장 이상인 큰 포기가 되었을 때 수확하기 시작한다.

1회 수확량은 1포기당 2~3장씩으로, 주름이 잘 만들어진 겉잎부터 딴다. 다음 해 봄에 추대할 때까지 계속 수확할 수 있다.

수확한 파슬리와 허브(레몬밤·펜넬·세이지 등)

가지과
피망

고추와 비슷하지만 매운맛이 없고, 비타민 A·C를 많이 함유하고 있으며 영양가도 높다. 색깔은 빨강·노랑·주황색·초록색 등이며, 가장 대표적인 품종은 빨강과 초록이다. 색이 다양하기 때문에 여름철 정원을 다채롭게 꾸밀 수 있다. 높이 60~80cm이므로 정원 중간 위치에 심으면 알맞다. 여러 가지 색의 피망을 정원에 대칭으로 심으면 한층 돋보인다.

- 흙 만들기: 4월 중순
- 지주 세우기: 5월 하순
- 옮겨심기: 4월 하순~5월 상순
- 웃거름: 5월 하순~9월 하순(2주에 1회)
- 수확: 6월~10월 하순

준비

● 흙 만들기
통기성이 좋은 흙을 좋아하므로 퇴비 등의 유기물을 흙에 많이 넣는다.

① 옮겨심기 2주 전
1m²당 고토석회 100g을 뿌리고 흙을 잘 간다.

② 옮겨심기 1주 전
1m²당 퇴비 3kg, 화성비료 150~200g, 용성인비 60g을 밭 전체에 뿌리고 깊게 간다. 또한, 밑거름 양의 반을 두둑 전체에 주고, 나머지는 고랑에 주는 방법도 괜찮다.

가지과는 이어짓기 하면 토양 병해 등이 생길 수 있으므로, 3~4년간 가지과 채소를 재배하지 않은 장소를 찾는다.

옮겨심기

열매채소류 중에서도 고온성이므로, 더위에 강하고 병해충이 적어서 비교적 재배하기 쉽다. 씨를 뿌려서 옮겨심기에 알맞은 모종으로 기르기까지 약 70일이 걸리므로, 대부분 모종을 구입하여 심는다.

모종은 줄기가 굵고 다부지며, 마디와 마디 사이가 짧은 것이 튼튼하다. 두둑폭 60cm, 포기간격 45~50cm로 심고 임시지주로 유인한다.

재배관리

● 나무모양 만들기·가지 고르기·유인
첫 번째 열매가 달리고 점점 자라면 곁가지가 갈라져 나온다. 원가지와 튼튼한 곁눈 2줄기를 남겨서 가지처럼 3줄기로 재배한다. 아래 가지는 모두 제거한다.

이 때 본지주를 세워서 포기를 단단하게 유인하여 쓰러지거나 가지가 꺾이지 않게 주의한다. 또한, 자라면서 가지가 얽히면 겹쳐진 가지 등을 다듬는다.

● 웃거름
첫 번째 열매의 수확이 끝나면 첫 번째 웃거름을 준다. 1회에 1m²당 화성비료 30g을 밑동에 준다. 2회째부터는 포기가 약해졌을 때 2주 간격으로 준다. 웃거름을 줄 때마다 다른 곳에 준다.

● 병해충 대책
흰가루병에는 지오판 수화제 1500배액을 뿌린다. 진딧물에는 말라티온 1000배액, 잎응애에는 밀베멕틴 1000배액을 뿌린다.

열매채소 **Sweet pepper**

임시지주 세우기

줄기가 약하므로 옮겨 심은 후 포기가 쓰러지지 않게 지주를 세워서 고정한다. 길이 약 70cm의 플라스틱 지주를 비스듬히 넣어서 끈으로 묶는다

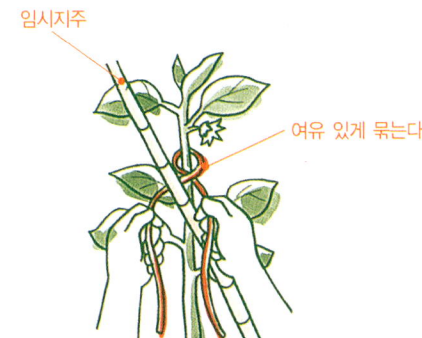

임시지주
여유 있게 묶는다
임시지주

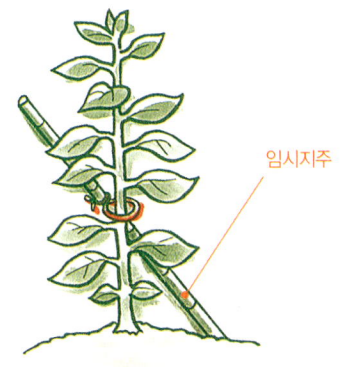

곁눈따기

본잎이 달려 있는 곳에서 나오는 곁눈은 첫 번째 꽃 바로 아래 있는 2줄기를 제외하고 모두 따주어 가지 고르기 한다. 원가지와 곁눈 2줄기를 남겨서 3줄기로 재배한다

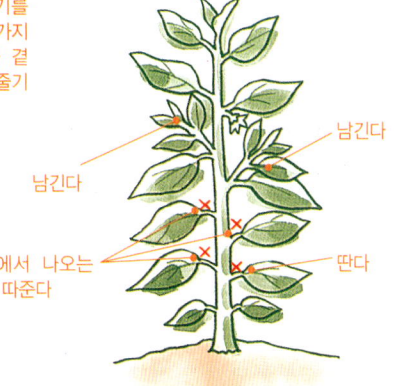

남긴다
남긴다
여기에서 나오는 눈은 따준다
딴다

본지주 세우기

첫 번째 열매가 커지면 본지주를 세운다. 원가지와 곁가지에 맞춰서, 임시지주 이외에 2개의 지주를 비스듬히 더 세우고 끈으로 묶는다. 줄기 쪽은 손가락 하나 들어갈 정도의 여유를 두고 8자로 묶는다

150cm
첫 번째 열매. 탁구공 크기

 ### 수확

꽃이 피고 약 15~20일이면 수확한다. 열매가 많이 달렸을 때에는 빨리 수확하여 포기가 약해지지 않게 한다.

수확이 늦어지면 열매껍질이 딱딱해지고 색도 나빠진다. 완숙 열매나 열매가 큰 피망은 꽃이 피고 약 60일이면 수확할 수 있다.

빨간 피망은 포기를 약하게 만든다

한마디 메모

아이들은 피망 하면 초록색으로만 생각하고, 아이들이 싫어하는 대표 채소이다. 특히 빨간 피망은 예전에는 보지 못했던 것이다.

최근 이탈리아 요리가 유행하면서 요리용 토마토나 색이 선명하고 화려한 피망이 식탁을 장식하게 되었다.

빨간 피망과 초록 피망의 차이는 열매가 미숙인지 완숙인지의 차이다. 초록 피망은 꽃이 핀 지 약 20일 된 어린 열매이며, 빨간 피망은 꽃이 핀 지 60일이 된 완숙 열매다. 따라서 어릴 때 수확하는 초록색 피망은 포기에 미치는 영향이 적지만, 피망을 빨갛게 익혀서 수확하면 포기의 생육이 나빠진다.

채소별 재배방법
Herb

허브 재배방법

민트나 라벤더 잎을 만지면 상쾌한 향기가 주위에 퍼져서 기분이 상쾌해지는 것을 느껴본 적이 있나요? 이제 허브는 생활 깊숙이 들어와 삶을 풍요롭게 만들어주고 있다. 허브란 예전부터 자생하는 산야초 중에서 식용이나 약용으로 이용해온 유용한 식물을 가리키며, 동시에 줄기나 잎·꽃 등 식물체에 방향성이 있는 식물을 모두 가리킨다. 허브차와 요리, 건강과 미용, 정원, 공예품 등에 널리 이용한다. 여기에서는 허브의 재배방법을 소개한다.

재배 장소

허브는 햇빛이 잘 들고 통풍과 물빠짐이 좋은 장소에 재배하는 것이 좋다. 물론 정원뿐만 아니라 화분이나 플랜터 등의 컨테이너에서도 재배할 수 있다.

씨뿌리기

씨뿌리기에는 ① 바로뿌리기, ② 포트 파종, ③ 물을 흡수한 피트모스 모종판에 씨뿌리기의 3가지 방법이 있다. 씨앗이 크거나 옮겨 심으면 안 되는 종류는 바로뿌리기나 포트 파종으로 한다.

씨앗이 작은 종류는 물을 흡수한 피트모스 모종판에 흩뿌리고, 발아하면 포트에 옮겨 심는다. 흙을 덮는 양은 채소와 마찬가지로 씨앗의 3배가 기본이지만, 씨앗이 작거나 호광성(好光性)인 경우에는 씨앗이 가려질 정도로만 얕게 덮는다.

히솝. 가냘픈 보랏빛 꽃이 핀다

씨뿌리기

1. 엽서 등을 반으로 접은 종이에 씨앗을 놓고, 가볍게 두드리면서 물을 흡수한 피트모스 모종판 위에 고르게 흩뿌린다

2. 건조하지 않도록 물에 적신 신문지를 덮고 발아할 때까지 기다린다

3. 발아하면 신문지를 벗기고 건조하지 않도록 물을 준다. 무성한 곳은 가위 등으로 솎아낸다

4. 본잎이 2~3장일 때 포트에 옮겨 심는다

나스터츔. 꽃과 열매에 매운맛이 있다

허브 Herb

흙 만들기와 옮겨심기

씨앗부터 기른 모종, 또는 구입한 모종을 알맞은 시기에 정원이나 컨테이너 등에 옮겨 심는다. 채소재배와 마찬가지로 옮겨심기 2주 전까지 고토석회를 $1m^2$당 100~200g 뿌려서 잘 갈아주고, 옮겨심기 1주 전까지 $1m^2$당 퇴비 2kg과 화성비료 100g을 뿌리고 흙과 잘 섞는다.

땅고르기(정지)한 후에는 포기가 뻗는 넓이를 생각하여 모종을 알맞은 간격으로 심는다. 컨테이너에 재배하는 경우에는 바닥이 보이지 않을 정도로 화분자갈을 깔고 배양토를 넣어주며, 모종을 옮겨 심고 물을 충분히 준다.

꺾꽂이

허브에는 꺾꽂이로 포기를 쉽게 늘릴 수 있는 종류가 많다. 예를 들어, 민트류·라벤더·세이지·타임·오레가노·로즈마리·센티드제라늄(방향성 제라늄) 등이다. 단, 뿌리를 내리는 기간이 다른데, 민트류는 꺾꽂이하고 10~14일, 키 1m 이하인 라벤더나 로즈마리는 30일 이상 걸린다.

포기나누기

여러해살이인 야로·램즈이어·오레가노·차이브 등은 포기나누기로 개체수를 늘린다. 컨테이너 재배에서는 봄과 가을에 옮겨심기할 때 포기나누기로 포기를 젊게 만든다.

여러 종류의 바질을 심은 허브정원

포기나누기

1. 뿌리가 상하지 않도록 포기와 떨어진 곳을 삽질하여 포기를 파낸다

2. 불필요한 흙을 털어낸다

3. 손으로 포기를 나눈다. 이 때 새순이 달린 포기를 중심으로 여러 개로 나눈다

4. 포트 등에 옮겨 심고 물을 충분히 준다

꺾꽂이

1. 허브를 30분 정도 물에 담근다 (잎이 너무 큰 것은 물이 낭비되지 않도록 잎을 자른다)

2. 딸기 등을 담았던 플라스틱 팩에 버미큘라이트를 넣고 잠길 듯 말 듯 물에 담근다

3. 허브의 아랫잎을 따내고 줄기를 버미큘라이트에 꽂는다(한 줄에 같은 허브를 꽂으면 아름답다)

4. 완성. 1개월 후에 뿌리가 나온다 (왼쪽부터 오레가노·파인애플민트·퍼플세이지·세이지·라벤더)

채소별 재배방법
Herb

옮겨 심은 후의 관리

● 물주기

컨테이너 재배인 경우, 흙 표면이 마르고 잎이 약간 시들었을 때 물을 흠뻑 주는 것이 기본이다. 이런 방법으로 계속 반복해서 물을 준다.

땅에 심은 경우에는, 오랜 시간 건조한 경우를 제외하고는 물을 주지 않아도 된다. 단, 여름철 고온일 때에는 선선한 아침 저녁에 물을 주어 생육을 돕는다.

● 웃거름

식물의 생육상태를 보면서 웃거름으로 화성비료를 알맞게 준다. 특히 다듬기나 잘라서 나무모양을 만든 후에는 웃거름을 준다. 컨테이너 재배의 경우에는 물을 줄 때 양분이 녹아나가므로 액체비료나 화성비료 등의 웃거름을 부족하지 않게 준다.

● 가지 고르기 · 다듬기

허브 종류는 가끔 다듬으면서 기르면 정원에 향기가 가득 퍼지고, 식물의 생육도 좋아진다. 또한, 포기가 너무 무성한 부분은 솎아내기를 겸해서 다듬어주면 통풍이 잘 되어 병의 발생을 줄이고 높이도 조절할 수 있다. 단, 다듬기 할 때 꽃눈을 잘라버리면 꽃이 적어지므로 주의한다.

● 더위 · 추위 막기

허브는 여름철 고온에 약한 종류가 많아서 시드는 경우가 있으므로, 빛가리개 등 여름을 넘길 수 있는 방법을 찾아야 한다. 또한, 내한성 있는 여러해살이를 제외하고 추위에 약한 종류는 보온 등으로 추위를 막아주어야 한다.

● 병해충 대책

허브는 비교적 병이나 해충이 적은 식물이다. 그러나 평소에 관리를 철저히 하여 병해충을 예방하고, 병해충이 발생하면 살충제나 살균제 등을 뿌려서 방제한다.

허브 다듬기

너무 자란 허브를 다듬어 주면 새순이 나와서 생육이 좋아진다

다듬기 한다.

새순이 많이 나온다

더위 · 추위 막기

추위 막기 : 화분을 비닐터널 안에 넣어서 보온한다
더위 막기 : 한랭사 · 갈대발 · 발 등으로 햇빛을 가려준다

채소정원에 알맞은 허브와 재배방법

채소정원에서 허브는 꼭 필요한 소재이다. 허브의 향이 사람의 마음을 사로잡고, 요리나 생활을 풍요롭게 해주며, 잎색이나 모양·꽃 등이 다채롭다. 좋아하는 허브를 채소정원에 심어보자. 정원을 아름답게 꾸며주는 허브는, 잎색으로 보면 적자색 계통의 퍼플세이지·다크오팔바질·브론즈펜넬·적차조기 등, 회록색~은백색(은색) 계통의 라벤더·세이지·램즈이어·커리플랜트·산톨리나 등을 들 수 있다. 모양으로 보면 로즈마리·아티초크·펜넬·딜, 꽃으로 보면 나스티쳠·맬로·차이브·아칸서스 등 매우 매력적인 종류들이 많다.

바질(꿀풀과)

바질은 꿀풀과의 한해살이풀로, 방향성이 강해서 스파게티·샐러드·소스 등의 맛을 내는 데 꼭 필요한 친숙한 허브이다. 바질 종류에는, 잎과 줄기가 보라색인 다크오팔바질, 레몬향이 나는 레몬바질, 계피향 비슷한 시나몬바질, 부시바질, 레터스리프바질, 스위트바질 등이 있다. 여러 종류의 바질을 정원 한 모퉁이에 심으면 바질정원이 된다.

4~5월에 포트 등에 씨를 뿌리고, 본잎이 4~5장일 때 옮겨 심는다. 옮겨 심은 후 1개월 정도 지나면 생잎을 따서 이용한다. 또한, 따낸 잎을 말려서 보관해두고 이용할 수도 있다. 잘라 다듬으면 포기가 건강해지며, 순지르기를 한 순을 꺾꽂이할 수도 있다. 꽃이 진 후에 씨앗을 받아두면 다음해에 기를 수 있다.

라벤더(꿀풀과)

라벤더의 회색빛을 띠는 녹색(은백색) 잎은 정원에 심으면 눈에 띄며, 보라색 꽃도 아름답다. 라벤더는 종류가 많아서, 대중적인 잉글리시라벤더(코먼라벤더)를 비롯하여, 꽃이 일찍 피고 개화기간이 긴 프렌치라벤더, 잎이 깊게 패인 모양의 피나타라벤더(내한성이 약하다) 등이 있다.

씨앗부터 기르면 꽃이 피는 데 2년 정도 걸리므로 꺾꽂이하는 것이 좋다. 꺾꽂이의 적기는 6~7월로 뿌리를 내리면 포트로 옮긴다. 뿌리덩이가 둥글게 잘 뭉쳐지고 뿌리를 내리면 다시 컨테이너 또는 땅에 옮겨 심는다.

컨테이너에서는 물을 너무 많이 주면 뿌리가 썩어 시들어버리는 경우가 많으므로 물주기에 주의한다. 꽃이 피면 다듬어서 통풍이 잘 되게 관리한다.

채소정원의 바질

레터스리프바질

프렌치라벤더

잉글리시라벤더(코먼라벤더)

채소정원에 알맞은 허브와 재배방법

캐모마일(국화과)

허브차로 친숙한 캐모마일(저먼캐모마일)은 국화과의 한해살이풀로, 실모양의 잎과 마가렛같이 청초하고 하얀 꽃이 아름다운 허브이다. 캐모마일 종류로는 사과향이 나는 로만캐모마일, 꽃이 피지 않는 여러해살이의 론캐모마일(넌플라워캐모마일) 등이 있다. 3~4월 또는 9~10월에 씨를 뿌린다. 단, 씨앗이 매우 작으므로 흩뿌리거나 씨앗을 흙과 섞어서 뿌린다. 발아할 때까지 건조하지 않게 하고, 발아하여 본잎이 1~2장일 때 3~4포기씩 모아서 포트에 심는다. 뿌리가 포트 구석구석까지 모두 뻗으면 옮겨 심는다. 캐모마일은 넓게 퍼져서 자라므로 정원의 가장자리에 심으면 알맞다. 꽃이 피면 차례로 따고 말려서 이용한다.

꽃이 아름다운 캐모마일

로즈마리(꿀풀과)

꿀풀과의 늘푸른떨기나무로 키 150~200㎝이다. 독특한 향이 나는 잎은 고기요리 등에 많이 사용하며 하양, 분홍, 짙은 파랑 등의 꽃이 아름답다.

품종은 직립성과 포복성이 있으며, 직립성은 토피어리로, 포복성은 정원의 가장자리 장식으로 이용한다.

씨는 4~5월 또는 9~10월에 뿌린다. 본잎이 나오면 옮겨 심는데, 초기 생육이 느려서 시간이 꽤 걸린다. 따라서 5~7월 또는 9월에 꺾꽂이 하는 것이 좋다.

해를 넘기면서 점점 커지는데, 가지가 무성할 때 다듬거나 잘라주면 새 가지가 나와서 포기가 건강해진다. 크게 자라므로 정원의 뒤쪽이나 옆쪽에 심는다.

로즈마리는 생육이 왕성하다

캐모마일의 또 다른 재배방법
론캐모마일 벤치

꽃이 피지 않는 론캐모마일을 이용하여 향기 나는 벤치를 만들어보자. 직접 의자를 만들어서 배양토를 넣고, 론캐모마일의 모종을 심는다. 물을 알맞게 잘 주면서 기른다.
론캐모마일 위에 앉으면 향이 주변에 퍼져서 향기 나는 벤치를 즐길 수 있다. 또한 정원 통로에 론캐모마일을 심으면, 향기 나는 잔디가 되어 정원의 매력이 한층 돋보인다.

로즈마리의 또 다른 재배방법
로즈마리 토피어리

로즈마리는 늘푸른떨기나무이기 때문에, 직립성 품종을 다듬어서 정원수처럼 다양한 토피어리를 재미있게 만들 수 있다. 특히 권하고 싶은 방법은, 화분에 심어서 일반적인 토피어리의 모양을 만드는 것이다. 식용꽃이나 다른 허브를 같이 심으면 훌륭한 모아심기를 즐길 수 있다.

색인

가지고르기 124
가지 23, 25, 44, 56, 68
감자 37, 44, 48, 59, 70
갓 27
곁눈따기 38
고구마 44
고추 8, 58
고토석회 30
구조파 61, 116
깻묵 41, 42
꺾꽂이 123
꼬투리완두 44
나스터츔 14, 23, 25, 66, 125
농약 40
다듬기 124
다채 13, 27, 53
다크오팔바질 46, 125
닭똥 42
담쟁이덩굴 27
당근 44, 62, 72
덩굴쪼김병 40
동물성비료 41
동아 9, 20
딸기 24, 46, 50, 52, 74
떼알짜임 28
라벤더 15, 26, 47, 64, 123, 125
래디시 6, 26, 46, 58, 76
레몬밤 23, 26, 65
레몬그래스 21
레인보가든 107
레터스리프바질 64, 125
로즈마리 65, 125, 126
론캐모마일 126
마리골드 25, 40
맬로 15, 65, 125
모로헤이야 25, 57
모아심기 17, 47, 50
모종 기르기 33
모종상자 33
무 44, 63, 78
물빠짐 29, 30
바나나피망 57
바질 15, 25, 46, 64, 125
방울토마토 25, 38, 46, 47

배추벌레의 애벌레 40
배추좀나방 40
백묘국(설국) 20, 27
버미큘라이트 123
병해충 40
보리지 64
부엽토 28, 42
부직포 39
북주기 37
분변토 42
브로콜리 26, 44
브론즈펜넬 23
블루샐비어 65
비닐터널 39, 124
비료 28, 41
비트 59, 80
사이갈이 37
사질토 30
산도 조정 29
산딸기 52, 64
산성흙 30
산톨리나 14, 65, 125
삼칠초 25
샐러드우엉 63, 105
생강 59, 82
석회질비료 42
석회질소 42
세이지 26, 64, 123
소똥 42
소송채 26, 44, 46, 54, 84
수레국화 66
수송나물 57
수채(경수채) 20, 27
숙근 버베나 23, 65
순무 44, 60, 86
순지르기 38
스냅완두(스냅완두) 52
스위트마조람 23, 64
스위트바질 125
시금치 26, 27, 44, 46, 61, 88
식용국화 44, 66
식용꽃 66
쑥갓 27, 38, 54
씨뿌리기 32, 122
아스파라거스 44

아티초크 6, 20, 22, 44, 53, 90, 125
알리숨 27
액체비료 36, 42
양배추 27, 44, 54, 92
양상추 24, 44, 62, 94
양파 20, 44
여주 25, 38, 44, 57, 96
오레가노 123
오색고추 58
오이 23, 25, 44, 46, 55, 98
오크라 20, 25, 44, 56, 100
옥수수 44, 55, 102
완두 24, 44, 52, 104
용성인비 42
우엉 63, 106
운향 15
웃거름 36, 49, 124
유기질비료 41, 42
유기배합비료 42
유채 66
인산 41
임시 배치 23
잎상추 24, 26
잡초 뽑기 37
장미 66
적근대 23, 58, 108
적양배추 27, 54, 90
적축면상추 24, 26, 46, 47, 48, 62, 92
점뿌리기 32
점토질 30
접나무모 34, 40
제비꽃 66
주키니호박 25
줄뿌리기 32
지주 세우기 35
진딧물 40
질소 36, 41
쪽파 26, 61, 116
차이브 24, 66, 125
청경채 21, 24, 26, 53, 110
청차조기 25

치커리 23
칼륨 41
캐모마일 24, 65, 126
커리플랜트 23, 65, 125
컨테이너 16, 46
컨테이너 재배 46
코니퍼 27
콜라비 12, 26, 44
콜리플라워 66
타임 65
탄지 64
토란 44, 60, 112
토마토 7, 25, 38, 44, 48, 55, 114
토양 개량 30
토양 산도 22, 28
토질 검사 29
퇴비 28, 30, 42
트레비소 26
트렐리스 20, 35
파슬리 21, 26, 27, 46, 61, 118
파인애플민트 14, 26, 47, 64, 123
팬지 27, 66
퍼플딜라이트바질 65
퍼플세이지 125
펄라이트 30
페퍼민트 65
펜넬 24, 26, 65, 125
포기나누기 123
포트 파종 33
풋거름(녹비) 30
프렌치라벤더 23, 65, 125
피망 25, 57, 120
한랭사 39, 124
허브 14, 64
헤메로칼리스 66
헬리오트로프 65
호박 44
홍채태 27, 66
홑알짜임 28
화성비료 41, 42
흩뿌리기 32
히솝 64

솔뫼선생과 함께 시리즈

우리 식물의 대동여지도—
솔뫼 선생의 산 속 생활 25년,
저자만의 생생한 자연 생태 정보를
3권의 시리즈로 소개한다.

Green Home

시리즈 ❶ 산 속에서 만나는 몸에 좋은 식물 148
25년 산 속 생활로 체득한 살아있는 식물의 진실
산에는 우리가 먹을 수 있고 약으로 쓸 수 있는 식물들이 지천으로 널려 있지만, 진짜배기를 구별해 내기가 힘들다. 좋은 나물, 좋은 약재를 구별해내는 눈을 키워준다.
152X225 | 432쪽 | 값 28,000원

시리즈 ❶-1 들고다니는 산 속에서 만나는 몸에 좋은 식물 148
휴대하기 간편한 작은 사이즈
시리즈 ❶의 휴대용으로 책이 무거워 산이나 들로 직접 가지고 다니면서 활용하기 어려웠던 점을 해결하였다. 이제부터 들고 다니면서 현장에서 직접 산속 식물을 찾아보자.
112X210 | 340쪽 | 값 17,000원

시리즈 ❷ 산 속에서 배우는 몸에 좋은 식물 150
모양만 보고 약효를 알 수 있다
식물의 모양을 보고 이름을 익히는 것도 물론 쉽지 않지만, 이 식물이 과연 무슨 과에 속하는지 판단하기 어렵다. 25년간 산 속에서 수많은 식물을 관찰해온 필자의 경험을 바탕으로 식물 과명의 특징을 간단명료하고 알기 쉽게 정리하였다.
152X225 | 488쪽 | 값 28,000원

시리즈 ❸ 산세로 알아보는 몸에 좋은 식물 148
산세를 볼 줄 알면 약초 자생지가 한눈에 보인다
산세만 보고도 산 속 어디에 어떤 약초가 있는지 한눈에 파악할 수 있는 정보를 소개하였다. 사람들이 가장 많이 사용하는 약초들을 사용 부위(뿌리, 전체, 잎줄기, 꽃과 열매)로 분류하고, 같은 과명과 같은 부위를 사용하는 약초들을 묶어서 정리하였다.
152X225 | 480쪽 | 값 28,000원